おとなのアスカ巡り

沢田 立夫

はじめに

『飛鳥』と『明日香』

アスカにはなぜ二通りの漢字表記があるのか？

そこから始めたアスカ探訪。

きっかけは本文にも記したように、友人からの勧めでした。

確かに、アスカにかかわる案内書や記録、著書文献等は数え切れないほど存在します。

ただ、これまでに読んだアスカに関する書き物には、当時この地に暮らしていた人たちが、実際にはどのように暮らしていたのか、ほとんど描かれていないように思ってはいたのです。

いままで記されたものとは多少なりとも異なる視点でアスカを語る。本書は、ちょっとかじった古典や著作類を借用し、自分勝手な解釈を加え、わたし自身の好みの視点、目線、想像、解釈で、勝手気ままに書き綴ったアスカです。数多くの反論・ご批判もあろうことは承知しています。けれど、黙々と日々を暮らす名もなき人たちから貴人といわれる人々に至るまで、あくまでもあけっぴろげでおおらかな、いにしえのアスカ人が残してくれた数多くの遺物や遺跡、記録等々はなにを物語っているのか？　はて？

本編第3話「稲淵」でも紹介していますが、この『おとなのアスカ巡り』という書名の「おとなの」というのは、斎藤隆介著『大人の童話』から拝借したものです。もとより斎藤氏の、高尚で品格があり完成された作品群とは比ぶべくもないのも誰よりも承知しています。中身も、「おとなの」という意味合いも、まったく異なります。

男女の交合《まぐあい》に関するかなり露骨な記述もあちこちに出てくるのですが、ご一読いただき、アスカ巡りのきっかけ、一助となれば幸いです。

もくじ

もくじ

第1話　アスカ

十数年前、石舞台古墳を訪れたときのことだ。修学旅行で見学に来たのだろう、中学生が引率の先生に、「アスカという字は、なぜ書き方が二つあるんですか？」と訊《き》いているのを、たまたまその場に居合わせ耳にした。なかなか鋭い質問である。

どう説明するのか、わたしは興味をもって耳を澄ませ、先生の返事を待った。

ところが、尋ねられた若い女の先生は、「どうしてでしょうね。先生もわかりません。学校へ帰ったら、一緒に調べてみましょう」と答えたのだった。

なぜこんなことを書くかといえば、そのとき、もし自分が教え子にそう改まって訊かれていたら、何と答えただろうと思ったからだ（一応当時は、わたしも高校で社会科の授業を受けもっていたので）。

「そんなん、俺が知ってるわけないやろ」だったに違いない。「学校へ帰ったら調べてみよか」などと気の利いたことは、たぶん、いや絶対言わなかっただろうと思う。もし言ったとしても、「学校へ帰ったら調べてみ」で、数日後に、「調べたか？」と逆に聞き返すのが関の山だったろう。

答えがわかればわかったで、教えてくれた子のクラスとは別のクラスで、初めから知っていたような顔して、「そんなことも知らんのか」と自慢げに話しただろうと思う。きっと。

しかしそのとき、その先生に「電話番号書いときますんで、わかったら知らせてください」とはいくらなんでも言えなかった。そして、なぜか気になった。それまで長い間、明日香と書くのはアスカという呼称へのあて字で、合併するにあたって、新たに考案された造語（日本にはあて字の地名も多いので）だと思っていたのである。無知なるが故だ。飛鳥でいいのに、なぜこんなわざとらしい字をあてたのだろうと思っていたのだ。

わたしに向けてのものではなかったものの、中学生の問いかけが、なぜかふと、

――ほんまにせやろか？　造語やて言い切れるんか？

という疑問符をわたしの脳裏に刻みつけたようだ。家に帰ると、すぐに調べてみた。

ものの本によると、高市郡阪合村、高市村、飛鳥村の三村が合併して明日香村になっ

石舞台古墳

たのは、1956（昭和31）年7月とのことである。

　そして、万葉の時代から、飛鳥とも明日香とも表記していたとある。また、飛ぶ鳥の明日香、と謡われるように、飛鳥は明日香にかかる枕詞であるとも。それがいつしか、飛鳥をアスカと読むようになったのだ。

　更に調べてみると、同様の例に長谷があった。長谷の泊（初）瀬。これも泊瀬あるいは初瀬にかかる枕詞の「ナガタニ」が、「ハツセ」「ハセ」と読まれるようになったのである。

　念のため図書館に行って『明日香村史』（昭和49年8月1日発行、下巻「現勢編」明日香村の誕生　271頁）を調べてみると、合併にあたり三村長が連著して奈良県知事に提出した申請書の村名決定理由書には、

――万葉集に、「飛鳥　明日香能里乎　置而伊奈婆　君之当者　不所見香聞安良武」とあり、本地方のゆかりの地名に名付けたものである。

とある。

　書き下すと、『飛ぶ鳥の、明日香の里を、置きていなば、君があたりは、見えずかもあらむ』となる（漢文を書き下すのは今回だけにします。何と読むのか、調べることからわたしのように、ひょっとして飛鳥地方に興味をもってもらえる人が増えるかもしれないので。返り点等も以下同）。

　平城京への遷都の折、藤原京を後に北へ向かう元明天皇が、途中で輿《こし》を止めて謡った歌であるという。

よく考えてみれば、三村合併するにあたり、そのうちの一村名を引き継ぐことなど、誇り高い人の多い大和の古都でできようはずはないと、いまは思う。いにしえのむかしから、明日香という表記は現に存在していたのである。明日香が新たに考案された地名だなどとはとんでもない話だったのだ。

だが、村名表記が明日香に変わったからといって、わたしがあくまでアスカだと思い込んでいた飛鳥が消え去ったわけではない。行政区画としてではなく、この地域を指す場合、いまでも通常は飛鳥地方と表記する。

それだけではない。飛鳥はいまもいたる所で生き続けている。千数百年にもわたる人々の息づかいを表しているのだから当然だろう。

この経験に触発されて以後、数え切れないほど飛鳥地方を訪ねました。本著は、その時々に感じたり調べたことを基に、極々私的な視点で綴《つづ》った明日香村探訪記です。

これらを綴った日から、再び十数年が過ぎ去り、その間も飛鳥では途切れることのない新たな発見や景観等の変貌がありました。そのことは、いずれまた書き加えられればと思っています。

いずれにしても読んでいただければ幸いです。また、ご感想等ございましたらよろしくお願いします。

第2話　栢　森

黒岩重吾著『落日の王子・蘇我入鹿』（文春文庫）に、その日の様子がこう描かれている。

『西から風と共に、大和の方にやって来た雨雲の速さは、鎌足達が予想した以上に速かった。皇極女帝が板の上に坐り、天神や四方の地神に雨乞いを始めて二刻もたたないうちに、葛城、二上、生駒連山の上空は、不気味なほど暗くなった。雨雲の先陣は強い風であった。樟の枝に結ばれた白い絹布が風になびき、山野の樹々の枝は揺れ、水を待ち焦れていた樹の葉達は歓喜の叫び声をあげた。』

1994（平成6）年の夏も、日本列島は各地で、ダムの水が干上がってしまうほど極端な水不足に見舞われた。同様に、このときの旱魃《かんばつ》も相当ひどかったようだ。

黒岩氏の物語は、蘇我本宗家を大王家にかわる最高位に就けようとする蘇我蝦夷・入鹿父子らと、あくまでも皇位を守ろうとする中大兄皇子・中臣鎌子（のち改新のときの功により藤原の姓を与えられ、鎌足と名乗る）らとの抗争を扱うものなのだが、いまそれは脇に置いておく。

前年暮れに死去した舒明天皇の跡を受け、宝皇女が即位したのは、642（皇極元）年1月15

日のことである。川底を見せた飛鳥川では魚が朽ち、日本各地で農民たちが水争いをし、多数の死傷者を出したといわれている。惨状を見かねた女帝が、天神地神に雨乞いをしたのだ。

前述の作中で、その場所は、『南淵《みなぶち》の河上（坂田寺跡近辺か？）』となっている。『日本書紀』の『南淵坂田寺又皇極天皇南淵河上に幸し雨を祈る』によっているのだろう。

近辺という言葉の解釈が難しいのだが、確かに坂田寺跡から飛鳥川沿いに登っていくと、稲淵《いなぶち》という集落の外れにそれらしい所がある。水の女神が祀られているという、飛鳥川上坐《あすかかわかみにいます》宇須多伎比売命《うすたきひめのみこと》神社だ。急勾配の石段を上がると、社殿がある。森閑とした境内はまさにその場にふさわしい、という雰囲気を漂わせている。しかし、水の神様といい、らし過ぎるような気がするのだ。

実際は、栢森《かやのもり》の加夜奈留美命《かやなるみのみこと》神社が立っている辺りではなかったか、とわたしは思っている。確たる根拠があるわけではない。それほど大して違いはないのだが、やはり雨を降らせる大本《おおもと》は天の神なのではないだろうか。

だとすれば、少しでも天に近い場所を選ぶはずである。女帝は自身の足で歩いて来たわけではなかろうし、ここまで来たら後もう少し登って天の神様に祈った方が、どう考えても効き目があるように誰だって（？）思う。

当時はまだここに神社（稲淵の飛鳥川上坐宇須多伎比売命神社も）が建っていたわけではないのだろうが、境内に立ってみると、供を従え、女帝が祈りを捧げたのがここであってもいいように思えてくるのだ。ともかく栢森はじめこの辺りは神秘的な、特に梅雨どきなどは、そんな匂いのする所である。

母親が栢森の出身だという知人の話によれば、お母さんは高田の女学校へ通うのに、当時はまだバスも走っておらず、岡寺駅まで10キロ近い道のりを自転車を漕いでいたそうだ。行きはずっと下りだからいいものの、帰りは逆なのだから大変だっただろうと思う。舗装などはされていなかっただろうし、雨や雪の日などはさぞかし難儀したのだろう。しかも毎日のことなのだ。それを思えば、神秘的などというのは、そんな苦労を知らない者の戯言《ざれごと》なのかもしれない。

集落のある場所から道を下ってくると、飛鳥川（同村祝戸《いわいど》で冬野《ふゆの》［細］川と合流するまでを南淵［稲淵］川ともいう）に勧請掛《かんじょうが》けと称して、女陰をかたどった女綱《めづな》と呼ばれるものが張り渡されている。下流の稲淵では男綱《おづな》が渡されていて、合わせて子孫繁栄・五穀

「女綱」。下流の男綱にぶら下がっているはずの一物は、わる病にでもかかって朽ち果ててしまったのか、その姿を拝見することはできなかった

豊饒《ほうじょう》、それに疫病除けを祈願しているという。

むかしは真剣に祈ったのだろうから、ユーモラスなどと言えば怒られるかもしれないが、愛嬌があっておもしろい。同様のものは各地で散見されるが、ここが本邦初だったに違いない。

それにしてもなぜ女綱を上流に、男綱を下流に配してあるのだろうか。

諸説あるのだろうと思いますが、当時は特にそのとき女性が上に乗る形で行うというのが常に正しいスタイルだったので、それがそのままこういうかたちで表現されたのではないかと思います。しかしこれはあくまで私見です。あれこれ各自で想像していただくのがいいのではないでしょうか。

多くの観光客が訪れ、すでにもう何度も同じことを訊かれているはずなのに、嫌な顔もせず農作業の手を止め、たわいもない質問に丁寧に応えてくれる農家の男性（女性ではない）の柔和な顔と、知人女性のそれを比べれば、わたしは先のように想定せざるを得なかったのである。

第3話　稲　淵

奈良県高市郡明日香村に稲淵《いなぶち》という地名がある。飛鳥地方の南の淵、すなわち南淵が訛《なま》ってイナブチといわれるようになったという説があるが、行ってみるとなるほどと思われる。

石舞台古墳から少し西に下って飛鳥川沿いに、小型バスがやっと一台通れるほどの道を南東に登って行くと、その稲淵という集落がある。更に行くと栢森《かやのもり》、飛鳥人《びと》の集落はあらかたそこで尽き、芋峠を越えると吉野に出る。

それほど著名な寺や墳墓があるわけではないが、それでも何かあるのが飛鳥だ。

わたしがこの稲淵で魅かれるのは、集落を見下ろすような小丘上の祠《ほこら》である。そこには、かつて中大兄皇子や中臣鎌子が教えを受け政《まつりごと》の改変を決意したという、南淵請安《みなぶちしょうあん》を祀ってあるというのだ。

請安はこの地に住居を与えられてい

南淵請安の墓

る。南淵請安というのもそのためである。明神塚と呼ばれるこの場所は、小さな家が一軒建つかどうかという程度の広さなので、住居は別の所にあったのだろう。ともかくそこに小さな祠がある。もともと桧前《ひのくま》の呉原《くれはら》（栗原）にあったものを移したらしいが、飾り気もなく村の鎮守というような感じだ。

聖徳太子の発案により、請安が高向玄理《たかむこのくろまろ》や僧旻《そうみん》らとともに、小野妹子《おののいもこ》を団長とする2度目の使節として隋《ずい》に渡ったのは、608（推古16）年のことである。翌年日本に戻った妹子と別れ、隋に留まった請安が高向玄理と帰国するのは、それから32年後の640（舒明12）年のことであった。中国ではすでに隋が滅び、唐の時代となっている。最新の知識を身に詰め込んだ請安のもとへ、中大兄や鎌子は頻繁に通い詰めたという。

しかし、請安の消息は645（大化元）年以後、ぴたりと途絶える。新羅《しらぎ》ないし百済《くだら》系渡来人、新漢人《いまきのあやひと》だったといわれる請安だが、蘇我蝦夷や入鹿と何らかの繋《つな》がりがあり、それがもとで以後不遇をかこったか、あるいは謀殺されたのではないか、とわたしは思っている。

ちなみに、飛鳥はわたしの曾祖母の出里でもある。千数百年前、この地で暮らしていたであろうわたしの先祖なら、ひょっとしてそのあたりの事情を知っていたかもしれないが、いまは知る由もない。ただ、改新に多大の功績を残したといわれる請安の、そのつつましやかな祠を見ていると、そんな気がしてならないのである。

もう一つ、この稲淵で忘れてはならないものがある。飛鳥川に渡された石橋である。橋といえば、川の上に架けられるものと思われがちであろうがそうではない。川床に、かなり大きな石が七つ置いてあるだけなのだ。

下流ほんの数メートル離れた所に架けられている、いわゆる橋の上からその飛び石を眺めていると、わたしはいつも斎藤隆介の『寒い母』(岩崎書店刊・斎藤隆介全集第12巻所収)に描かれている情景を思い出す。朝鮮の伝承をもとにしたのだろう、七人の息子をもつ寡《か》婦《ふ》の話である。あらすじは、つぎのようなものだ。

朝鮮の咸鏡《かんきょう》北道《ほくどう》という所に、七人の息子をもち夫に先立たれた寡婦がいた。子は家に付くものだから、離縁して再婚しろというまわりの声にもかかわらず、彼女は貧しい婚家《こんか》に残って女手一つで七人の子どもを育てる。子どもたちはすでに嫁をもらう年を過ぎても結婚もせず、母親を助けた。

44歳になった冬、母親はいくら温突《おんどる》を焚《た》い

飛鳥川に渡された飛び石。作者不明の万葉歌「明日香川　明日も渡らむ　石橋の遠き心は　思ほえぬかも」の歌碑がある

ても「寒い寒い」と言い始める。春になり夏になっても、母は「寒い寒い」と言い続けた。

翌年の冬のある夜、長男のピョルスンイが夜中にこっそり家を出て行く母の後をつける。隣村との境を流れる凍えるような川を、着物を脱いで母親は渡って行く。ピョルスンイも川を渡って後をつけて行くと、母親は薄汚れた山小屋に入った。板戸に耳を当てて、ピョルスンイは中の様子をうかがった。

切ない、息も絶えるような呻《うめ》き声が聞こえてくる。いけないと思いながらも、ピョルスンイは板戸の隙間から中をのぞく。白髯《ひげ》の老爺《ろうや》が母の背中を掻《か》いてやっているのだった。

すべてを悟ったピョルスンイは家に駆け戻り、弟たちを起こすと、再び凍えるような川に戻り、弟たちと七つの飛び石を据える話なのだ。

朝鮮で、いつごろから伝えられる話なのかはわからない。少しそれるが、作者は、長男や末っ子にはピョルスンイ、ヘスンイという名を与えながら、その母親には与えていない。なぜか。人間というものを、人そのものを描きたかったのではないかと思うのだが、下手な答えなど出さない方がいいような気もする。

そして物語は、

――朝鮮咸鏡北道南面里《なんめんり》には、いまでもその飛び石が川を渡って白く顔を出している。

と結ばれている。

これがずいぶん古い話だとすれば、この地に移り住んだ漢人《あやひと》たちが、故郷を懐かしんでこの石橋を造ったのではないかと思えてくるのだ。南に面する里と、南の淵というのは偶然だろうが、わたしは死ぬまでに一度はその南面里という所を訪ねてみたいと思っている。

川岸に、『明日香川　明日も渡らむ　石橋の　遠き心は　思ほえぬかも』（「万葉集」巻第十一―二七〇一）の歌碑がある。

第4話　桧　前

「田ァ耕してて、壺《つぼ》のカケラでも出てきてみ、往生するで」

「なんでですか」

「なんでてあんた、そこらにほっといたらあかんのや、届け出やんと」

「ええ、カケラでも」

「そうや」

「せやけど、そんなに出てくるんですか」

「ちょっとふこう掘っただけで、なんぼでも出てきよるがな」

「へぇー」

「家建てかえるときも、面倒やったわ。瓦の色やとか、壁の色から庭木の数まで、これこれにせなあかんと決まっとるんやで」

「そんなことまで決まってますんか」

「そうや」

「ほなやっぱり、カケラでも役場に届けるんですか」

「そんなんいちいち届けてられるかいな。もっかい埋めるんや」

以前勤めていた高等学校の教頭とのやりとりである。

名前まで公表すると差し障りがあってはいけないので伏せておこうと思ったが、もう引退もされてるし、まあいいか、方角の一つを指すこの地に多い苗字の方である。先祖代々この地に居を構え農業もされている、渡来人の末裔《まつえい》という人だ。

教頭は、明日香村が歴史的風土保存地区に指定され、それとともにいろんな法律や条令が制定されて難儀な思いをさせられていることを嘆かれているのである。何を不謹慎な、と思う人もおられるかもしれないが、聞いてみると嘆いているのはどうもこの人だけではないみたいなのだ。外から見ているだけではわからない苦労があるようだ。

どちらの立場を支持すればいいのか迷うところであるが、それ以後、様々な方途が模索されているとも聞くので、どちらの立場も支持しないでおく。

ミミズの吐き出す排泄物（主に土）が、地表の遺物を地中に埋没させる要因の一つであるならば、田を耕す教頭の鍬《くわ》が地中に埋没した遺物を容易に掘り出すとしても何の不思議もない。

千年といえばずいぶん遠いむかしのように思える。その間にミミズが排泄した土の積み上がるのが年に数ミリとして、千年で数メートルになるはずだ。しかし、雨や雪などの重みで圧縮されるだろうし、日照りもあれば風に吹き飛ばされ、また雨にも流されよう。数十センチも掘ればカワラケの破片に出くわすわけである。

逆に、洪水などで他から土砂を積み上げられ、地中深く眠っているものもあるだろう。

それにしても、外から見ているだけではわからない、苦労があるのである。ところで、桧前《ひのくま》の集落外れの小高い丘の上に、於美阿志《おみあし》という名の神社がある。この地に住居を与えられた、東漢氏《やまとのあやうじ》一族の始祖とされる阿知使主《あちのおみ》を祀っているそうだ。

　同じく渡来系に王仁《わに》を祖とする西文氏《かわちのふみうじ》があり、生駒・葛城・金剛の各山地を挟み、西に「カワチ」の読みがあてられ、東に「ヤマト」の読みをあてている。勢力としては相当のものだったのだ。にもかかわらず、広大な敷地に壮麗な社《やしろ》が立っているわけではない。

　初めてこの神社を訪れたのは、二十数年前の夏だった。最近は昨日のことも覚えていないのに、いまもそのときのことははっきりと脳裏に刻んでいる。なぜか？　それは言わない。

　どこにでもある村の鎮守様というような、草ぼうぼうの（静かな佇《たたず》まいの、と言うべきなのだろうか）神社だった。社殿脇の石に二

於美阿志神社の十三重？の塔

人で腰掛けようとしたとき、よく見るとフナムシのような小さな虫が、うじょうじょ這ってい て、思わず後退《あとずさ》ったほどだった。

かつて日本各地で見られた神仏混交の例に漏れず、鳥居脇の案内板にも桧隈寺址《ひのくまでらあと》と説明があり、境内には十三重（上部が欠けていて現物は十一重）の石塔も立っているのだが、薄汚れみすぼらしかった。

数年後、一人で訪れたときは社殿が新しくなっていて、少し立派できれいになったように思えたが、やはり境内は雑草が生い茂っていて村の鎮守のままだった。

創建当時はこんなではなかっただろう。元教頭が難儀していた、歴史的な景観や遺物などを保存するため制定された、種々法令の恩恵はここまで届いてはいないのだろうか。

そうではあるまい。明日香村では、高松塚・祝戸・石舞台・甘樫丘《あまかしのおか》周辺4地区が国営飛鳥歴史公園に指定されている※。資料館や展望台などを付設し、公園として整備するものと、できるだけ現況のまま保存しようとするものに区分されているのであろう。

いずれにしても、むかしを懐かしみ、思い出したように、ときどき暇つぶしに訪れる部外者がとやかく言うようなことではない。

※註　国営飛鳥歴史公園には「キトラ古墳周辺地区」が加わり、現在は5カ所となっている。

第5話　祝　戸

祝戸《いわいど》で、わたしが一番魅かれるのは、いろんな意味で強烈な趣をもつ一物である。その名は、マラ石。

「第一話　アスカ」にも記したように、このシリーズはあくまで極々私的な視点に基づく探訪記です。ご批判やご指摘は多々あろうと思います。なおさらに今回は、特に女性ご婦人方からのご非難が頻出しそうに思います。ですから、ある程度先を予測できる方は、この先をスルーしていただければ幸いです。

稲淵から下って来て左へ、国営飛鳥歴史公園（祝戸地区）内の研修宿泊所に至る道の途中に、おもしろいものがある。まさか道を隔てた向かいに立っていた坂田寺が、尼寺だったからではなかろう。雌（別に雄が好みなら、それはそれでもいいのだが）のシロナガスクジラでも相手にしない限り、ものの役には立たないだろう、大きくて太くて堅い一物なのだ。

以前は、東へ2㍍ばかりの所で直立していたというが、年を取ったせいか、いまはかなり頭《こうべ》を垂れている。それでもまだ元気で立派な佇《たたず》まいを見せているのだが、こいつには前から気にかかることがあった。

飛鳥地方では、方々でこれに類するものを見かける。典型が飛鳥坐神社《あすかにいます》で、その境内には一物をかたどった石造物が多数祀ってある。首に注連縄《しめ》を張り渡した、このマラ石よりも立派なものもある。

ところで、問題はこの注連縄がうまく首のところに掛けられるかどうか、ということなのである。うまくいかないように思うのだ。先っぽは出ていて、シッコの出る場所もリアルに表現してあるのだが、首から上の中ほどから根元まで、すっぽり皮をかぶっているのだ（嘘だと思う人は、実際現地へ行って実物をとくとご覧になられたい）。

まさかモデルを使ったわけでもなかろうし、わたしはこいつを造った人は仮性だったのではないかと思っている。自分のものを眺めながら、こっそり創作に勤《いそし》しんでいたような気がしてならないのだ。

とすれば、どういうことになるか。数ある男根石造物の中で、このマラ石の制作が最も

地面から突き出すように立つマラ石

古いものである、ということにならないだろうか。

いま仮にこのマラ石の制作者の名を磐井戸仮魔羅としておこう。銭湯なんてなかったろうし、仮魔羅は、きっとみんな同じ形をしているものと思っていたに違いない（形は違え、いまでもそんなことはよくあるように思う）。

その後、続々と、

——俺のは、もっと太い。

——俺のは、もっと長い。

——俺のは、皮を被《かぶ》ってない。

——いやいや、俺のはもっと太くて、長くて、皮も被っていない。

負けじと、いろんな男たちが制作に勤しんだに違いありません。

それにしても、自分の創作をまね、次々に発表される作品を目の当たりにして、仮魔羅はどれほど惨めな思いをしたことだろう。

余程ショックだったのか、図に乗った後続の男たちが今度は女房の自慢をしようと、せっせとマン石を掘り始めたのに、仮魔羅はこの後ぴたりと創作から手を引く。それが証拠に、このマラ石には対となるマン石がない。

余談が過ぎた。実際はこれもやはり魔除けや豊作祈願、子孫繁栄のために造られたもののようだ。このマラ石の後ろに、地蔵形の道しるべがあり、
右　よしの　道

左　坂田やくし　道

と刻してある。そこが旧道の分岐点であるらしい。

このマラ石も、かつて道しるべの役目を果たしていたようで、いまはみんなで触り過ぎたので磨滅しているが、文字が刻まれていた痕跡が残っている。

そして何度も言うようで恐縮なのだが、幾星霜《いくせいそう》を経ていまは斜めに傾いているが、建立当時の若かりしころは天に向かい屹立《きつりつ》していたと思う。そして身につまされる。

ちなみにこの石の背後、飛鳥川左岸の丘陵を「フグリ山」という。見事な命名というか、むかしの人たちのおおらかさとその感性には、ただただ頭《こうべ》を垂れるしかありません。

後学のためというか、何というか、どなた様も、とにかく一度は是非ご覧になっていただきたいと切に思います。

第6話　阪田

鞍作鳥《くらつくりのとり》は仏師である。寺院の建立が始まったときから、鳥は、いずれそうなるだろう、と思っていた。この国において、本格的な仏教寺院建立は初めての試みだった。

幾多の障害が予想された。大臣蘇我馬子の横暴に対する不満は巷《ちまた》に満ちている。異教に対する嫌悪もある。あらぶる神々たちの怒りを被るのではないか、災いをもたらしはしないかと。しかし、馬子は意に介さない。災厄をもたらすものだと排斥《はいせき》し、ことごとに敵対する大連物部守屋を討ち果たすと、馬子は百済に法師、工匠らの派遣を要請した。

求めに応じた百済の昌王からは仏舎利とともに、僧聆照律師・令威・恵衆・恵宿・道厳・令開ら、寺工太良未太・文賈古子、鑪盤《ろばん》博士将徳白味淳、瓦博士麻奈文奴・陽貴文・陵貴文・昔麻帝弥、画工白加らが送られてきた。彼らが到着すると、すぐに馬子は、執念を燃やし続けてきた寺院の建立に取りかかった。588（崇峻元）年のことである。

途中、馬子は東漢直駒《やまとのあやのあたいこま》に命じ、意にそまぬ崇峻を殺害し、敏達の皇后であった豊御食炊屋姫《とよみけかしきやひめ》を即位させた。推古女帝である。その596（推古4）年、およそ10年近い歳月を費やし、寺院は完成した。馬子は、ここにようやく一つ念願を果たしたのだ。

推古女帝が聖徳太子や馬子ら諸臣を詔し、丈六仏像築造を誓願し、鞍作鳥（通称・止利仏師）

を造仏工に命じたのは、それから9年後の605（推古13）年のことである。女帝が望んだのではない。巨大仏、それは馬子自身の化身でもある。これを寺に納めれば、蘇我氏の力をさらに強固なものにできる、と馬子は考えていた。鳥は大仏の築造に取りかかった。

鞍作鳥を主人公に物語を書くとすれば、こんな書き出しになるであろうか。もちろん馬子がその建立に執念を燃やしたのは、法興寺、いまの飛鳥寺で、鳥が築造するのは丈六の飛鳥大仏である。

子どものころ、よく、

――奈良の大仏と飛鳥の大仏、どっちが先に立った（建つ、ではない）。

と言い合った、あの飛鳥大仏だ（答えは、どちらとも立っているのではなく座っている、である）。

606（推古14）年、一年の歳月をかけ大仏はようやく完成したのだが、このとき再び難問がもち上がった。大仏があまりにも巨大過ぎ、搬入を命じられた人夫たちがいくら思案を巡らせても、堂内に安置するどころか、金堂の入り口すら通せないのである。となれば、入り口を壊すしかない。それを聞いた馬子は烈火のごとく怒り出した。

けれど、知らせを受けた鳥は冷静だった。駆けつけた鳥は、いとも簡単に大仏を堂内に納めた。鳥はすべて計算済みだったのだ。そんな逸話まで伝わっている。その後、遷都にともない、718（養老2）年、堂塔は平城京に移され、大仏（本名・釈迦如来坐像）だけが残ったといわれている。

落雷による火災や風雪に苛《さいな》まれ、焼けただれ、切り刻まれ、時には裸身をさらし、ボロボロになりながらも、辛うじて大仏だけは生き永らえ、当時の姿を僅《わず》かに留めているのである。鳥が込めたであろう魂がそうさせるのだろうか。いずれにしても、その鳥が住んでいたのが、この阪田なのである。

現在遺構が確認されている、鞍作一族の氏寺である坂田寺の築造に、鳥がかかわっているのはほぼ間違いなかろう。ちなみに鳥のおば・善信尼は、わが国最初の出家者として、歴史にその名を留めている。

坂田寺跡。字名は「阪田」、寺名は「坂田」です

第7話　飛　鳥

日の出とともに起き、暮れれば眠る。時を知るすべが、日の出日の入、この二刻だけだったころ、人はどんな暮らしをしていたのだろうか。

飯を食い、野に出て鍬《くわ》を使い、草をむしり、水を飲み、しばし休んで汗をぬぐい、また地に鋤《すき》をうがち、田に水をやり、家に帰って飯を食い、牛に飼葉《かいば》を与え、神棚に今日が無事であったことに礼を言い、明日もまたそうであるように祈り、眠る。このような生活を、牧歌的というのだろうか。

災いもなく、こんな風であったなら、時を知ることは幸せだったに違いない。しかし、そんなに単純だったわけではなかろう。苗にムシがついたと言っては、みんなで頭を寄せ合い思案を重ね、大水に遭えば途方に暮れる。

それでも、できれば何事もなく、陽とともに寝起きする毎日であればいいのに、とわたしは思うときがある。ボンベイ（現・ムンバイ）の日本人学校に勤めていた友人の話によれば、インドでは現にいまも多くの人たちがそんな日々の暮らしを送っているらしい。

『日本書紀』斉明六（660）年五月の条に、

――皇太子　初造漏剋　使民知時。

とある。

——ひつぎのみこ　はじめてろうこくをつくり　おおみたからをしてときをしらしむ。

と読むそうだが、人工の時が人々の生活をどのように変化させたのだろうか。

遅刻ばかりしているルーズな役人は窮屈《きゅうくつ》になったろうとは想像できるが、農民など一般人の生活にすぐには影響を及ぼさなかったように思う。書紀のいう、皇太子とは中大兄皇子であるらしい。皇子が、人工の時を告げる、漏刻なるものをつくらせた場所が水落《みずおち》遺跡である。で、それはそれとして、次を急ぐ。

漏刻より、この手の話がたまらなく好きなのだ、とようやく自分にもわかってきた。もしかして、いままで気づかなかっただけで、好きなのは話だけではないのではなかろうか。ときどきそう思うこともある。飛鳥坐神社で行われる、おんだ祭りのことである。

これもやはり豊作・子孫繁栄や夫婦和合を神に祈る行事なのだが、とにかくおもしろい。毎年2月の第1日曜日（昔は旧正月の11日）に催される。この祭りのクライマックスは、何と言っても天狗とお多福が演じる「種つけ」と称するものだろう。

男根や女陰を石や藁《わら》で型取り奉るというような、なまやさしいものではない。こともあろう

水落遺跡の漏刻跡

に、お面をかぶり天狗とお多福に扮《ふん》した村の若い衆が、衆目環視のもとであのことをリアルに、そしてまことにユーモラスにやるのである。

もちろん扮する若い衆は二人とも男だし、裸でやるわけではないのだが、見物人はヤンヤヤンヤの喝采を浴びせる。相手が相手なので、できれば自分もやってみたい、とは思わないが、喝采は浴びせざるを得ない。

それにしても、これが神事だというのである。その上この社には、いまでも立派な陰陽石が、祭りを盛り立てるかのように祀ってある。とてもいいじゃないですか（以前はそれこそおびただしい数であったらしいが、いまはそれほど多くはない。誰かがこっそりもって帰って、秘かに家で祀っているのでしょうか）。

むかしは同じような祭りが各地で行われて

注連縄をしている男根石

いたらしいけれど、いまは飛鳥地方でも唯一ここだけに残っている。風俗を紊乱《びんらん》するというので、官憲が取り締まった結果だそうだ。

それにしても、よく残してくれたものだと思う。権力が民衆を圧迫するのは世の常なのだが、それでも人々は決して負けない。どんなに弾圧を受けようとも、民は文化や生活様式を口承により、あるいは夜ごとの秘事によって伝えていくものなのだ。ざまぁー見ろ、と言いたい。まさに飛鳥は民衆文化の宝庫だと言える（やっと教員らしい？　ことが言えたかな）。

この神社には、ほかの神々たちとともに、天照大神が祭ってあるという。天照大神について、親父から聞いた話がある。親父が小学生のときだから、いまから八十数年前（昭和の初めのころ）のことだ。

修身という授業中、先生が黒板に、

——天照大神。

と書いて、ある生徒に何と読むかと尋ねた。そう訊かれた生徒は即座に、しかも大きな声で、

——テンテルダイジンです。

と答えた。

当時のことだ。このあたりのことは徹底して教え込まれていただろうから、例え小学生といえ

マン石

ど読み違えたとは思いにくい。そこのところを親父が何と言ったかは覚えていないが、たぶんその生徒は皆を笑わせるつもりだったのだろう。

いずれにしても、たちまち教室中が爆笑の渦に包まれたそうだ。が、その後がいけなかった。先生は顔を真っ赤にして、「なんという不遜な奴だ」と言いざま、腫れ上がるほどその子の顔を殴りつけたというのである。

笑いに包まれたせいもあるかもしれないが、先生にとっては、そのまま生徒たちと一緒に笑い飛ばしてしまうわけにはいかないことだったのだろう。それにしても神という存在は、ある特定の恣意《しい》的な目的をもつ人為と結びついたとき、神ではなくなるような気がする。

おんだ祭りを見ていると、民にとって、本来神さんというのは、ときに畏怖することはあっても、普段は例えテンテルダイジンと読み違えられても許してくれるような、もっと身近な存在だったように思えるのだ。弟の素戔嗚尊《すさのおのみこと》の乱暴に、怒って岩戸の中に隠れてしまうほどなのだから。

ともかく、飛鳥坐神社のある鳥形山は、神々のいます所、すなわち飛鳥神奈《かむな》備《び》なのだといわれている。

微笑ましいものから一転して、血生臭

入鹿の首塚。後方は飛鳥寺

いものに変わる。これも飛鳥だ。

蘇我入鹿首塚。

首塚という名前からして、夜になると何やら不気味なものが出てきそうな気がする。そういう風に思うのはわたしだけだろうか。どうもそうではないらしく、入鹿首塚と称し、入鹿の霊を弔うために建てられた塔は何カ所かにある。

この五輪塔は鎌倉時代にできたそうである。隣の岡にあったといわれている板蓋宮《いたぶきのみや》で、中大兄皇子らの手によって刎《は》ねられた入鹿の首がここまで飛んで来たというのだ。まさかそんなことはあるまいが、入鹿の悪霊が祟《たた》ることを恐れたのは確かなようである。

稲目、馬子、蝦夷と続いて、そして入鹿。中大兄・鎌子らによるクーデターは、蘇我一族が念願の全権力をまさに掌中に収めようとする直前での出来事だった。その入鹿にしても、宮もろとも一族すべてを焼き殺し死に追いやった、山背大兄皇子《やましろのおおえのみこ》の霊に怯《おび》えていたに違いない。

多少扱い方に違いはあるにしろ、この世に生あるうちは生き神様と怖がられ、死ねば死んだで悪霊として恐れられる。一歩でも神に近づこうとする者への、それが神が与えた罰なのだろうか。

余程できた人（自分でそうだと思っている人はとても駄目）ではない限り、決して神になろうなどと思ってはいけないのである。

追　書

飛鳥寺については先に触れたので、置いておく。

水落遺跡に関し、1995（平成7）年8月22日（火）の毎日新聞奈良版に、次のような記事が出ていたので付記しておく。

『日本最古の水時計（漏刻）遺構で知られる明日香村飛鳥の国史跡・水落遺跡で、両側に石組を施し、底にも石を敷きつめた溝が見つかった。二十一日発表した奈良国立文化財研究所飛鳥藤原宮跡発掘調査部によると、導水路など漏刻に関連する施設の可能性があるという。同調査部は二十六日午後一時から、明日香村奥山の奈良国立文化財研究所飛鳥資料館で、水落遺跡に関する講演会と現地見学会を開く。

学術調査として、約四六五平方㍍を発掘した。見つかった石組み溝は、東から西に水が流れる構造で、約三十㍍分確認された。幅約七十五㌢、深さ約十五㌢。両側に八十―三十㌢のカコウ岩を組み、溝底には小さい石を敷きつめていた。

また、溝の南側に、幅約三十㌢で石敷帯を設けていた。同調査部によると、溝から土器などが見つかっていないことから時期の特定はできないが、漏刻に付随する施設の可能性があるという。同遺跡では昨年、漏刻への導水路の可能性が高い溝が見つかっている。』

第8話　平　田

数ある古墳の中で、石槨《せっかく》内部に極彩色の壁画が描かれているのが発見されたのは、高松塚が初めてだったそうだ。

壁画発見のニュースが全国を駆け巡ったのは、1972（昭和47）年春のことだった。大学生だったわたしはふと、高校の地理の授業のとき、何の話からそうなったのかは忘れたが、先生が、「飛鳥に一番近い地元の高校生としては、ほかから来た人に何か訊かれたとき、ちょっとくらいは答えられるように、勉強しておきなさい」と眼鏡のレンズを上げ下げさせながら、そう言われたのを思い出した。

そのときはまだ高松塚の壁画は発見されておらず、先生は飛鳥のことで何か尋ねられたとき、という意味で話されたのである。当時はまだ橿原高校も耳成高校（合併して、現・畝傍高校）も高取高校（現・高取国際高校）も設立されておらず、飛鳥にもっとも近い県立高校は、わたしが毎日通っていた高校だった。

いま（現在では当時になる）その高校の定時制に勤めているのだが、昨（1994）年の暮れから、講堂の建て替えにともない、解体された講堂跡地の発掘調査が今（1995）年の春まで行われた。校舎の立っている場所が、藤原京の一画を占めているので、ということからであらしかった。

その調査が、正確には何月から何月までだったかさえわからない。ただ解体にともなう工事車両通行のため、正門が封鎖され、裏口に回らなければならなかったのを、面倒くさいと思っていたことだけははっきり覚えている。それでもせっかくだから、発掘現場くらい写真に撮っておこうと思っていたのだが、気がついたときはもう埋め戻された後だった。

母校は確かに飛鳥に近いのである。しかし、いまでもこの体たらくなのに、先生の話をまじめに受け取っていたはずはない。卒業して一年も経っていたのに、よく覚えていたくらいだ。

そんなわたしにとっても、教科書を盾に机の中で開いた弁当を食いながら、いい加減に聞いていた先生の話を思い出させるほど、壁画発見のニュースは刺激的だったのかもしれない。古代史ブームが起こるのも無理はない。

余談だが、現在（当時）職員室の隣の席に座っている岡崎先生（高校の先輩で、レベルもほぼわたしと同程度）も当時学生で、新聞社の依頼で保存地区に指定されることのメリット・デメリット（担当教科が一応英語なのでそう言ったのかどうかまではわからないが）について、泊まり込んで現地での聞き取り調査をしていたらしい。要するに金欲しさにアルバイトをしていただけだと思うのだが、さまざまな動きがあったことを示すものではないかとも思う。

ただ残念なことに、先生は民宿で出された飯のオカズが、ほかの泊まり客にはエビフライなんかがついているのに、タクワンだけだったこと。それと、かわいそうに思ってほかの泊まり客が残したオカズを内緒でくれた仲居さんがとてもきれいな人だったこと、しか覚えていなくて、調査の結果についてはまったく記憶していなかった。

　高松塚の壁画を発見し、発掘調査の中心になっているのが、網干という大成中学の先生したはった人や、と教えてくれたのは、二番目の兄貴だったと思う。高校の先輩やで、とも。偉い人もいたはるんやなぁーと、あまりわけもわからず、確かにそう思った記憶もある。以後の高松塚古墳については、言わずもがなだ。

　ちなみに、後に知ったことだが、反骨の考古学者・森本六爾《ろくじ》も先輩（網干先生の場合もなのだが、こういう言葉を使っていいものかどうか、迷うところだ。しかし、一方的に許していただく）である。異端と言われながら、弥生農耕文化の存在を提唱し続け、その死後、唐古遺跡の発見により、ようやく主張の正しかったことが確認されたのだ。


『今になって、木村卓治を考古学界の鬼才とし、彼が生きておれば今の考古学はもっと前進しているだろうとは学者の誰もが言う。……中略……彼の論文集の巻末にあるはなはだ簡略な年譜を見ると、明治三十六年の六月に奈良県磯城《しき》郡《ぐん》△△村に生まれている。ここは「万葉集」などにある三輪山に近い土地である。大正九年畝傍《うねび》中学を卒業すると、近所の小学校の代用教員となり、月俸二十円をうけた。その後、二つばかり学校をうつり、大正十三年退職して上京したとある。雑誌「考古学論叢」に載った彼の最初の調査報告が大正十一年だから、気負って上京する二年前に、すでにそのようなものが、彼には書けたのである。彼の考古学への勉強は中学生のころからで、……略……。』（松本清張著・新潮文庫『或る「小倉日記」伝』所収『断碑』より抜粋）。

作中著者は、木村卓治と名を変えているが、森本六爾であることは明らかである。母校の資料館には、六爾が在学中に発掘した土器片が保管されていると聞く。いろんな意味で、わたしなどとは天地以上の差があるようだ。が、それはいかんともしがたい。いずれにしても、高松塚での壁画発見以来、わたしも古墳というものに、ほんの少しではあるが興味をもつようになった。

急に話は変わる、わたしが新任教員として赴任した、奈良県南部の十津川村に行けば、いまも野生の猿たちが元気に樹間を飛びまわっている姿に出くわす。むかしはこの辺りにも猿がたくさん棲《す》んでいたのではないだろうか、と思わせるのが、欽明天皇陵の隣にある吉備姫王《きびつひめのおおきみ》墓の猿石だ。

目にしている猿石は、江戸時代に近くの水

吉備姫王墓内にある猿石。手前のお猿さんはオスみたい。なぜだかわかりますか？

田から掘り出され、この場所に移されたものらしい。しかし、この四つの石は、たまたま地表近くに埋もれていたものではないだろうか。まだあちこちに眠っているような気がする。

人はある目的をもって、ものをかたちに表す。遠いむかしにあっては、そのほとんどが豊かな実りを願ったり、災厄から逃れるために祈りを捧げるためのものだ。いつも悪さばかりしているけれど、猿はときに人に代わる役目をするもの、あるいは災難を未然に防ぐため犠牲となった生き物だったのではないだろうか。

猿は「まし」・「ましら」・「ましし」ともいう。もし「ましし」が最初だったとすれば、ししは肉のことで、その肉を人が食用とする獣を表す言葉でもある。「ま」は真で、「かのしし」（鹿）や「いのしし」（猪）より優れた、または最上位に位する、「真のしし」という意味に取れないこともない。また、「まし」は「汝」であって、一人称代名詞。対称。同等または目下の者に対して用いる。おまえ。と辞書にある。

もちろん浅はかなこじつけであるけれど、石に刻まれた猿たちの顔を見ていると、そんなことを思ってしまう。まさか、「あいつよりまし」の「まし」ではあるまい。

ただ、隣で写真を撮っていた息子は、「あんまし、猿に似てなかったな」と帰り道で言っていた。

今回は、登場人物がとても身近に感じられる人が多かったので、話がかなり冗漫になったように思います。すみませんでした。

第9話　岡

再び19年（現在からだと30数年）前の夏に戻る。

まだ夏休みには間がある平日だったせいか、境内の人影はまばらだった。本堂へ向かう階段を右にそれ、登って行くと、土塀の裏手に切り株が二つ、仲良く並んでいた。まるでこの日のためにしつらえてくれているかのように。樹間を流れる風が、汗ばむ肌に心地いい。切り株に腰を下ろし、随分長い時を二人ですごしたように思う。

数カ月経ち、どうしても気になることがあって、もう一度一人でその場所へ行った。大きな台風が近畿地方を襲ったのは、夏の終わりごろだった。そのせいだろう、木々はなぎ倒され、土砂崩れの痕跡が残るだけで、切り株の姿は見えなかった。このせいなのだと、無理やりそう思おうとしていた。自然と涙が頬を伝っていた。それからは、飛鳥に来てもここへ寄ることはなかった。

ところがやむなく3年前、渋々だったが女房にせかされ、久々に訪れることになった。その後、あの場所がどうなっているのか、いまも知らない。もちろん女房は、何も知らない。厄除け祈願のためだった。40の一歩手前まで来てしまったのだ。

西国第七番札所、岡寺（正式名・東光山真珠院龍蓋寺《りゅうがいじ》）の本尊如意輪観音は厄除け観音として、いまも多くの人々の信仰を集めているという。お陰でわたしも無事永らえているわけなのだが、それにしても訪れるたび、あのころのことを思い出してしまう。
ときの実力者蘇我入鹿が、中大兄皇子や中臣鎌子らの謀略により惨殺されたのは、645（皇極4）年6月12日のことである。海音寺潮五郎著・文春文庫『悪人列伝（一）』所収「蘇我入鹿」に、その日の様子がこう描かれている。

『六月十二日、いよいよその日となった。皇極天皇は大極殿に出御し、古人《ふるひと》皇子（舒明と馬子の女《むすめ》法提郎媛《ほほてのいらつめ》の間に生まれた人で、蘇我党の皇族であった）が側に侍した。やがて入鹿も来た。入鹿は猜疑心《さいぎしん》の強い性質で、昼夜剣を腰から離したことがない。一党は前もって俳優《わざおぎ》（ピエロだ）に言いふくめておいたので、俳優は入鹿にふざけかかって、剣を解かせた。いよいよ儀式が始まって、……略……。もう猶予出来ない。中ノ大兄は、励声一番、「咄嗟（ヤア）！」とさけんで、おどり出た。はげまされて子麻呂らも飛び出した。……略……。佐伯ノ子麻呂と稚犬養の網田とが、ずたずたに入鹿を斬って斬り殺した。この日は豪雨ふりしきって庭一ぱいに水がたまっていた。入鹿の死体はその水たまりの中に投げ出され、上にしきものやついたてを投げかけて蔽うた。……略……。』

入鹿父子が別王朝を建てたのは、天皇制確立以前の古代社会においては、歴史の自然の流れであったにすぎないと思う、と作者は最後に語っている。
別王朝をすでに建てていたのか、建てようとしていたのかは別にして、確かにそんな気がする。ただしそれは、天皇制確立以前の古代社会だけでなく、現在においても、歴史の流れは途切れることなく、様々にその形を変化させながら続いているのではないだろうか。

ともかく入鹿が惨殺された場所が板蓋宮《いたぶきのみや》であり、現在伝板蓋宮跡といわれている辺りにあったのではないかと想像されている。

前から、

――中大兄にとって、クーデター成功の最大の功労者は鎌子ではなく、猿まねをして入鹿から剣を取り上げた、芸人だったのではないだろうか。

と思っているのだが、それはどうでもいいことだ。

そもそもこの探訪記を書き始めたきっかけは、最近（当時）オープンした飛鳥藍染織館だった。以前所属していた同人誌『関西文学』の元編集長だった、菊池崇憲氏から突然電話がかかってきた。

――飛鳥の藍染館（「織」は抜けていた）、来たことあるか？

――新聞に出てましたよって、できたのは知ってますけど、まだ行ったことありません。

わたしが答えると、

――来てみィて、是非来てみィて。

と元編集長は興奮ぎみに言うのである。

――そらあんた、余所にはちょっとおらんで。

――おらんて、何が？

と言おうとして、すぐ興奮している理由がわかった。

元編集長は5月の連休に、奥さんと飛鳥巡りをしているようなのだ。電話は藍染織館からだった。奥さんは展示されている藍染織に見とれていたらしいが、元編集長は別の存在に見とれていたのである。

となれば、いやがうえにこちらも興味を魅かれる。詳しく聞こうと思うのに、

――いっぺん来てみィて。

先方は二言に一言はそれである。どうやら奥さんの目を盗んで電話をかけているらしい。いろいろ話すうちに、

――レベルのひくーい高校教師の視点で見た、飛鳥見て歩記書いてみたらどうや。おもしろかったら『みじんこ』にシリーズで載せよ。

と言い出した。どうやら奥さんに気づかれた

藍染織館の玄関。現在は別の店になっている

らしい。

ついでに『みじんこ』というのは、『関西文学』を抜けた仲間数人が、これも仲間の一人北岡さんが神戸三宮の月世界ビル4階の一角で、震災にもめげず経営を続けているクラブを基地に、元編集長・菊池氏を中心にして、店のPRを兼ねて出している小冊子である。

それに連載しようというのである。お互いそれはどうでもいいことなのだが、言ってしまった以上載せなければならないし、聞いてしまった以上書かなければならない。

そして、元編集長は最後にため息をついて、

——あんたはええな。飛鳥（あえて、藍染館とは言わなかった。言えなかったのだろう）近いよって。いつでもなんべんでも来られるもんな。

と言った。それが最後の言葉だった。

そうか、そんなにきれいやったんか。そんなら一度と言わず、何回でも通ってやろうと思った。明日さっそく行ってみよう、と。

その後、元編集長が、余所にはおらん、と言った、藍染織館のお嬢さん兼店員さんの、お母さんが奈良市で居酒屋をやっておられることも判明し、度々訪れることになる。酒船石については、何も浮かんでこないので、何も書かない。

追　書

と、思っていたが、

『大地震で崩壊!?　奈良・明日香村
斉明天皇が築いた石垣
大規模地滑り跡確認
奈良県高市郡明日香村岡の国史跡、酒船石《さかふねいし》がある丘陵（高さ約二十㍍）で、地滑りで崩壊した石垣が見つかった。七日発表した明日香村教委によると、地滑りの原因は、日本書紀が六八四（天武十三）年に「大きに地震《ないふ》る」と記す白鳳南海地震の可能性が高いという。斉明天皇が築いたとみられる豪壮な石垣も、大地震には耐えられなかったらしい。

これまで二回の調査で、丘陵の全面にわたって盛り土や削り出しなどの土木工事が行われ、中腹に石垣を巡らせていることが判明。今回の調査は石垣の範囲の確認などのため、一月から丘の西斜面約六〇平方㍍を発掘した。以下略。』

謎に包まれた酒船石

と1995（平成7）年6月8日（木）付の毎日新聞朝刊22面に出てきた。

斉明天皇とは皇極天皇が重祚《ちょうそ》したのであり、石垣というのは、その斉明女帝が築こうとした「狂心《たぶれごころ》の渠《みぞ》」の一部である。だからといって、酒船石の謎が解けたわけではないが、この石も石垣の材として利用されていたらしいとは以前から言われていた。

第10話　橘

聖徳太子（別名・上宮厩戸《うまやと》豊聡耳《とよとみみ》太子）は史上初の女帝であるおば推古天皇を助け、摂政として善政を施したといわれている。白皙《はくせき》・秀麗・聡明で、清新・柔和なイメージも伝えられる。仏の教えに帰依《きえ》・精通すること、衆に抜きん出ていたことは確からしい。血生臭い匂いもしない。

そして、太子にまつわる伝承は至る所に残されている。わたしが生まれた、奈良県磯城郡田原《しきぐんたわら》本町《もとちょう》大字多《おお》村小字新ノ口《にのくち》村（現・橿原市新口町）にもある。どこかで読んだようにも思うのですが、思い出せないまま、そのときの情景を再現すると、

――それは、まだうだるような日中の暑熱が残る、ある夏の日の夕暮れのことでした。飛鳥の宮での仕事を終え斑鳩へ帰る途中、のどの渇きを覚えて太子が、従者に水をもってくるようお命じになりました。

けれど、竹筒の水はもうすっかり空になっています。困っている従者の様子を見て、太子は、

「そうですか。わたしがすっかり飲んでしまったのですね。そなたものどを渇かしているのも知らないで、自分のことしか考えていませんでした。家に着くまで辛抱します。馬を進めてください」

とおっしゃったのです。

従者はそのお言葉を聞くと、太子が止めるのも聞かず、涙をこぼし、

「しばしお待ちくださいませ」

と言って、駆け出しました。従者はすぐに戻って来ました。たまたますぐ近くに井戸があったのです。

従者が差し出す竹筒を、しかし太子は受け取りません。そして、従者に、

「そなたが先に飲むがよい。わたしはその後でいただきます」

とおっしゃられたのです。従者は、

「わしは井戸で十分飲んでまいりました。太子さま、どうかお飲みください」

と答えましたが、太子は従者が嘘《うそ》を言っていることに気づかれています。従者がいくら勧めても、太子はお飲みになりません。

恐れ多いと思いながら、仕方なく従者はのどを潤しました。それをうれしそうに眺めていた太子は、ようやく従者の手から竹筒を受け取り、のどを潤されました。そしてこうおっしゃったのです。

「お陰で、口の中が新しくなったような気がします（口中《こうちゅう》、新《あら》たなり）。ありがとう」

と。

それから、従者は二度と竹筒の水を切らせることがなかったということです。そして、この井戸のあった所を新口というようになったそうです。太子が跨《またが》るのは愛馬・黒駒で、付き従うのは太子のそばを片時も離れぬ調子丸。

こんな風だったのでしょうか。

わたしは見たことないが、いまもその井戸は村の何とかさんの家に残っていて、最近まで使われていたといわれている。

ちなみに多村の多は、奈良時代の人で『古事記』の筆録をし『日本書紀』の編纂にもかかわった、太安万侶を生み出した太（多）氏の本拠地であることを表す地名である。前半のまことしやかな話と、そんな大層な井戸が何の顕彰もされずに民家でいままで使われていたというあたりが、ちょっとそぐわないような気がしないでもない。

だが、わたしが生まれた家の前を通っている道は、時代の流れとともに多少移動しているらしいが、かつて下ツ道《しもつみち》といわれた古代の幹線道路なのである。ずいぶん距離があるのでもとより毎日ではないと思うが、斑鳩から飛鳥まで、太子が馬（あるいは馬車）に乗って通っていたのは確かなようだ。

凡夫であるわたしなどは、のどが渇けばビールが飲みたいと言い、腹が減れば減ったで飯はまだかと言い、きれいな女性を目にすればあてもなく胸ときめかす。太子もそんな人であった方がずっと親しみやすくていいと思うのだが、それを言ってはいけないのである。

そんな太子が生まれた所といわれているのが、橘寺《たちばなでら》（別名・仏頭山《ぶつづせん》上宮皇院《じょうぐうこういん》菩提寺《ぼだいじ》）である。実際は法隆寺や四天王寺などとともに、太子が創建を主導したといわれる七寺（他の四寺は、中宮寺・広隆寺・法起寺・葛木寺。別の寺をさす場合もある）のうちの一つのようだ。

しかし、これに対しても、発掘調査によれば、天武期における存在は確認できるものの、推古期にまで創建年次を遡《さかのぼ》らせることは困難、という見方もある。が、とにかく太子はこの辺りで生まれたのだろう。

境内の本堂脇に、高さ1㍍ほどの二面石がある。ジキル博士とハイド氏、善と悪、人の心の二面性を表すものだという説がある。そんな風に見えないこともないが、そうだとすれば、醜悪と思える方が悪心を表しているのだろう。確かに人の心には二面性どころか、三面性も四面性もあるだろうから、そういう説が出てくるのも頷《うなず》ける。

しかし、ムシも殺さぬ顔をして、極悪非道なことを平気でやる人間もいるのだから、顔の形と心のありようを結びつけることには賛同できない。もとより制作者の意図はもっと別の所にあったかもしれないし、勝手にそう言っているだけで、必ずしも醜《しゅう》すなわち悪と結びつけていると断定できるわけではない。

橘寺境内の二面石

そこで、である。ベロまで出してはいないけれど、せめて面従腹背の気持ちを表している、とするくらいでどうだろうか。

同じことか！

第11話　野　口

　持統天皇は推古、皇極（重祚《ちょうそ》して斉明）に続く、歴代３人目の女帝である。６８６（朱鳥元）年、天武天皇が崩じたとき、皇后だった鸕野讚良《うののさらら》皇女は41だった。いま（当時）のわたしより一つ年下である。

　天武は天智天皇の弟で、皇女は天智の娘だから、二人は叔父めい夫婦だったわけだ。珍しいことではない。わたしが興味を魅《ひ》かれるのはそんなことではない。なぜ再婚しなかったのかということだ。

　一年余りにわたる殯《もがり》の間は別にしても、いくら夫が偉大であったからといって、女性であることを引退するにはまだ早過ぎる。

　皇后たるものがそんなことできるわけがない、という意見もあろう。ならば再婚まではいかなくとも、他に方法がないわけでもなかろう。先の二人、推古、皇極のうち、皇極女帝については、蘇我入鹿といい仲だったという説もある。なのに、どうもこの人にはそんな気配もない。

　それにつけても思い出すのは、持統天皇から60年後、６人目（４人目は元明、５人目は元正天皇）の女帝となる阿倍皇女である。皇女は未婚のまま生涯を終えている。

32歳で父・聖武天皇の跡を受け、帝位に就いた阿倍皇女は孝謙天皇となり、初めは藤原仲麻呂

（のち改め恵美押勝）を寵愛する。しかし、いろいろあって重祚し、称徳天皇となった彼女はお坊さんの弓削道鏡に乗り換える。

挙句、道鏡が献じた山芋製の異形なるもので勤《いそ》しんでいたところ、その異形なるものがポキリと折れてしまい、取り出そうにもヌルヌルしていてうまくいかず、それがもとでゆゆしき病に取りつかれ、ついに崩御されるのである（嘘《うそ》だと思われる方は『水鏡』をひも解いていただきたい）。

いくら未婚で、長い間経験がなかったとはいえ、こんな女帝もいるのである。それに比べ持統天皇は、その地位の何たるかをわきまえているというべきだろうか。わたしなどは、『水鏡』の記述が事実だとすれば、異形のものを体内に納めたまま逝った、6代目女帝の方が好ましく思えるのだが。

ともかく、持統天皇は藤原京の造営や吉野などへの度重なる行幸で、空閨《くうけい》の侘《わび》しさを紛らわせていたのではないだろうか。

身の丈5尺4寸、当時の女性としてはかなり上背のある帝《みかど》だったが、いつも眉間《みけん》に皺《しわ》を寄せ、慌ただしく宮中を立ち回っているだけではなかった。

少々色浅黒く、化粧の下に隠されたそばかすが気にはなる。けれど、目鼻立ちの整った美形が、たわわに熟れた胸元にそっと手をやり、満開の桜の木の下で何やら物思いに耽《ふけ》りながら佇《たたず》んでいる姿が浮かんでくる。

男なら、声をかけずにおれようか。しかし、相手はこともあろうに天皇なのです。いくら年下だからといっても、下手なことはできません。
天皇としては最初に火葬にふされた女帝の墓は盗掘に遭い、その際に女帝の遺骨が辺りの路上に撒《ま》き散らされていたそうである。それが誰のものか、知っていたのか知らなかったのか、いずれにして金に目の眩《くら》んだ奴らの仕業に違いない。

それにしても夫はまだ石棺、自分は骨壺《こつつぼ》に、というのも気丈なこの人らしく思われる。激動のときをともに過ごした大海人皇子と鸕野皇女は、この天武・持統桧隈大内《ひのくまおおうちの》陵《みささぎ》で眠っているのだろう。わたしには、称徳天皇もこの持統天皇も、形は違えども共にとても人間らしくて、愛《いと》おしく思われるのである。

突然話が変わる。
もち時間の都合で、たまに日本史の授業を

天武・持統陵とされる野口王墓古墳

担当することがある。そんなとき、古墳については、

――大まかに分けると、前期（4世紀代）・中期（5世紀代）・後期（6～7世紀）に区分される。前期は主に前方後円墳及び円墳で、こんな形の竪穴式石室というのをもっていて、鏡や玉などと一緒に司祭者的支配者、つまり卑弥呼のような呪術者を埋葬している。中期は前期より大きくなった前方後円墳・円墳で、まわりに濠《ほり》をもつようになって、武器とか武具つまり刀とか甲冑《かっちゅう》などと一緒に軍事的支配者、つまり豪族など力の強かった人を埋葬している。そして後期はというと、前のものに方墳・群集墳などが加わって、今度はこんな形の横穴式石室というのをもつようになって、天皇とか地方の有力者などを埋葬するようになった。

と訳知り顔でしゃべりながら、表にして板書したり、下手な絵を描いて説明しているのだが、

――埋葬されているらしい人物が生きた年代からしてこの古墳、むかしは周濠《しゅうごう》もあったらしいので後期に区分されるのだろうけど、はて？

――この区分自体がそもそも正確なものなんだろうか？

――埋葬されている人物が本当は誰なのか？

――いつごろ築造されたものなのか？

そんなことに思いを巡らせる楽しみを与えてくれるのが飛鳥なのである。

追　書

1996（平成8）年5月16日（木）の毎日新聞朝刊31面に持統天皇が完成させた藤原京にか

かわる重大な記事が掲載されていたので、付記しておく。

『藤原京　大和三山もわが庭
　短命のなぞ深まるばかり

日本最初の本格的な都・藤原京は大和三山をも取り込んだ壮大な首都だった――奈良県橿原市の土橋遺跡で藤原京の西京極とみられる道路跡が見つかり、京域がこれまでの岸説藤原京や大藤原京を上回る可能性が強まった。天武天皇が計画、遺志を継いだ妻の持統天皇が完成させた藤原京。律令国家への歩みの象徴でもあった都は、いつどのように造営され、なぜ、わずか16年で遷都されたのか。

「道路だけでなく、計画的な建物配置など街としての広がりを伴っていることから、京域はここまであったと考えざるを得ない」と、狩野久・岡山大教授（古代史）。「ただ、いつの段階でこのような京域になったのか、天武時代から綿密な再検討が必要」とする。一方、奈良国立文化財研究所の猪熊兼勝・飛鳥藤原宮跡発掘調査部長（考古学）は「現状では京周辺の関連施設と考えたい」と慎重だ。

大藤原京の人口は現在、1万～3万人と推計されている。今回の拡大でさらに人口増加の可能性が出てきたが、狩野教授は「建物配置にゆとりがあるので、さほど多く見積もる必要はないのでは」と話している。

日本書紀は676年の天武天皇の記事に「新城に都つくらんとするも果たさず」と記す。持統天皇が完成した藤原宮に移るのは694年。直木孝次郎・甲子園短大教授（古代史）は「天武が立てた計画をもとに、大宝律令（701年）の制定に伴い拡大したのでは」と想定する。また、平城京や中国・唐の長安城では宮が京域の北辺に位置するのに対し、今回の調査では京の中央や南側にあることになる。これについて町田章・奈良国立文化財研究所平城宮跡発掘調査部長（考古学）は「後漢や北魏の洛陽城に近く、中国で理想社会とされた周王朝（紀元前11〜同8世紀）の『面朝北市』（南に宮、北に市場）にならったのでは」と考える。

710年、都は平城京へ移る。藤原京短命の理由については、大きな河川がなく交通、物流に不便だった点などが指摘されていた。今回の調査で、すみずみまで整備した大きな都をなぜ捨てたのかとのなぞが改めて浮き彫りになるが、作家の黒岩重吾さんは「飛鳥の諸豪族の影響力を一掃するため、藤原不比等を中心とする新勢力が遷都を強力に推し進めた」と推理。「藤原京と平城京でそれぞれ貴族の勢力範囲が分かれれば、遷都の意図がはっきりするだろう」と、今後の調査に期待を寄せる。』

橿原市の土橋《つちはし》遺跡といえば、わたしが生まれ、また現在そこにわずかな土地を購入しわが家を建築中の、新口町のすぐ近くである。同新聞1面にもこれに関する記事があり、そこに掲載された、今回の発掘で考えられる藤原京の範囲を示す地図を見ると、わが新口町もその京域のうちにあるようにも見える。新しい家に引っ越ししたら、さっそく庭を子どもたちと一緒に掘ってみよう、何が出てくるか楽しみだ。

ちなみに記憶が定かではないので正確ではないが、「第8話　平田」でも書いた母校講堂建て替え工事の折の調査で、出てきたのは確かトイレの遺構だったように思う。

また、藤原京は堀の排水機能が劣悪で、糞尿等汚物が溜《た》まり悪臭がひどかったというようなことが書かれているのをどこかで読んだような気がする。まさか、だから短年月で遷都したわけではなかろうが、ともかく飛鳥は面白い。

第12話　島　庄

『天武元年六月二十四日、この日天皇は出発して、東国《あずまのくに》に入られた。

……略……

いっぽう近江の朝廷では、大皇弟《もうけのきみ》（大海人皇子）が東国に赴かれたことを聞いて、群臣はことごとく恐れをなし、京の内は騒がしかった。ある者は逃げて東国に入ろうとしたり、ある者は山へ隠れようとした。

……略……

七月二十二日、男依《およ》らは瀬田《せた》に着いた。大友皇子と群臣らは瀬田橋の西に大きな陣営を構えていた。その後方が何処《どこ》まであるか分からない程であった。旗幟《はた》は野を覆い、土ほこりは天に連なっていた。打ちならす鉦鼓《かねつづみ》の音は数十里にひびき、弓の列からは矢が雨の降るように放たれた。近江方の将智尊《ちそん》は精兵を率い、先鋒として防戦した。……略……近江方の陣は混乱し、逃げ散るのを止められなかった。将軍智尊は刀を抜き、逃げる者を斬ったが、とどめることは出来なかった。智尊は橋のほとりで斬られた。大友皇子・左右の大臣たちは、その身だけ辛うじてのがれ逃げた。

……略……

二十三日、男依らは近江軍の将、犬養連《いぬかいのむらじ》五十君《いきみ》と、谷直塩手《たにのあたいしおて》を粟津市《あわずのいち》で斬った。こうして大友皇子は逃げ入る所もなくなった。そこで引返して山前《やまさき》に身をかくし、自《みずか》ら首をくくって死んだ。左右の大臣や群臣は皆散り逃げた。ただ物部連《もののべのむらじ》麻呂《まろ》と、一、二の舎人《とねり》だけが皇子に従っていた。』（宇治谷孟著・講談社学術文庫『日本書紀（下）全現代語訳』より）

吉野で挙兵した大海人皇子が、兄・天智天皇の皇子大友を倒した、いわゆる壬申の乱に関する記述の抜粋である。冒頭にある「天皇」あるいは「大皇弟」とは、もちろん大海人皇子（後の天武天皇）のことだ。

この大海人皇子は、日本古代史史上でもかなり人気のある英雄ではないだろうか。絶えず兄の陰に隠れ、兄を助け、あるときはその兄と額田王を奪い合い、またじっと耐え、ときが来るのを待つ。そして、ついに日の出を迎える。

やっていることは、これも古代史史上悪名高い、蘇我入鹿とあまり変わらないのだが、最終的な結果が違うし、それなりに人気を博す要素ももっているように思う（皇位に就いてから『日本書紀』に繋《つな》がる国史の編纂も手がけているようなので、わたしのように我田引水的な記述が英雄像を創り上げた可能性も大いにあると思うのだが、それはさておき）。

死の床にあった天智のもとを離れ吉野へ向かう途中も、大友皇子を倒した後も、近江大津から飛鳥に戻った大海人皇子は、この島庄にあった嶋宮にいったんは腰を下ろしている。

翌673（天武2）年、皇子は飛鳥浄御原宮《きよみはらのみや》で即位し、天武天皇となり、鸕野讃良《うののさらら》皇女を皇后とする。

ところで、この大海人皇子の女性関係はというと、手元にある資料によって判明しただけでも、正妻の鸕野皇女（との間に生まれた子ども以下同、草壁皇子）、大田皇女（大津皇子・大伯皇女）、尼子娘（高市皇子）、檝媛娘（忍壁皇子・磯城皇子・泊瀬部皇女・託基皇女）、新田部皇女（舎人皇子）、額田王（十市皇女）、大江皇女（長皇子・弓削皇子）、大蕤娘（穂積皇子・紀皇女・田形皇女）、氷上娘（但馬皇女）、五百重娘（新田部皇子）、計10名（17人）である。

69年の生涯に、なんと51人もの子どもをせっせとつくり続けた徳川第11代将軍家斉や、その道で名をはせた豊臣秀吉まではいかないが、女性関係は兄・中大兄と同数で、子どもの数では上回っている。もちろん他につまみ食いもあるだろうし、まさに英雄というに相応しい。

ちなみにこの大海人皇子について、天武・持統桧隈坂合陵が1235（文暦2）年3月20日に盗掘された後、調査されたときの記録を記した『阿不幾乃山陵記《あおきのさんりょうき》』というものによれば、

――…御首骨ハ普通ヨリスコシ大也、其色赤黒也、御脛骨長一尺六寸、肘長一尺四寸…。

とある。

首の骨が普通より少し大きく、脛《すね》の長さは48センチで、肘の長さが42センチということになる。どこからどこまでを指しているのかまでは定かでないが、わたしのを最長で測ってみても、脛の長さは踝から皿の上まで44センチ、肘の長さは指先まででも39・5センチである。

それで身長165センチだから、その差は脛で4センチ、大腿骨で5センチ、腰骨2センチ、たぶん背骨と頭蓋

骨はそれほど負けていないと思うので合わせて2㌢、首の骨が普通より少し大きいらしいから1・5㌢とすれば、165＋4＋5＋2＋2＋1・5＝179・5。この人は推定身長180㌢くらいあったのではないだろうか。ともかく、英雄と呼ばれるのには相応しい体躯《たいく》だったようだ。

それに比べ入鹿は、金にあかせば何でも手に入るにもかかわらず、背が低くおまけに小太りだったため、それが引け目となり、知らず知らずのうちに人に嫌われることばかりするようになり、挙句の果てに恨みをかって首を撥《は》ねられたのではないだろうか。撥ねられた首が飛鳥寺付近まで跳んでいったということだけで、墓の場所も骨の長さもわからないので何とも言えないが。

島庄にはかの有名な、入鹿の祖父・馬子の墓といわれる、石舞台古墳もある。また庭に

島庄遺跡で見つかった蘇我馬子の邸宅跡とされる建物跡

池を掘って飛鳥川から水を引き、その中に島を造り、人々から嶋大臣《しまのおとど》と呼ばれた馬子が邸を構えたのも、この辺りだといわれている。

追　書

これを書き終えた翌日（当時）、1995（平成7）年6月17日（土）の毎日新聞朝刊に次のようなビッグニュースが掲載された。

1面

『税制記した最古の木簡
明日香で出土
天武時代に「調」
大宝律令の20年前
奈良県高市郡明日香村岡の飛鳥浄御原宮の推定地から出土した天武天皇時代（六七二―六八六年）とみられる木簡に、「調」「大丁少丁」など、当時の税制に関する文字が記されていることが分かった。……略……大宝律令制定（七〇一年）より約二十年も前から、租税制度が確立していた可能性が高く、律令国家の成立過程に関する重要資料として注目される。』

26面

『武蔵のフナ　上野の鹿
若狭のタイ　山海の幸
グルメ都人

鹿《しか》の干し肉、タイの煮物――奈良県・明日香村の飛鳥浄御原宮推定地から出土した多数の木簡には、東日本や日本海沿岸から飛鳥浄御原宮へ届けられた海の幸、山の幸の貢ぎ物の荷札が目立つ。律令国家の基礎を固めた天武天皇と、日本初の本格的な都・藤原京を築いた女帝・持統天皇の夫妻。各地から届いた特産品を食材に、飛鳥時代のシェフはどんなメニューを二人の食卓に並べたのか。

木簡に記された特産品は、フナ（武蔵国・仲、埼玉県）▽鹿の干し肉（上野《こうずけ》国・碓日、群馬県）▽タイの煮物（若狭国・三形、福井県）▽塩（同・野、同）▽酒（不明）▽ウグイ（同）▽カツオ（推定）などの煮物（駿河国・川奈、静岡県）など。以下略。』

掘れば、何が出てくるかわからないのが飛鳥で、掘れば、確実に何か出てくるのも飛鳥なのだろう。難しいことはわからないが、またこれでいろんなことが判明し、歴史の謎が解き明かされそうだ。当時の政治や社会の仕組みから、天武・持統天皇夫妻や庶民がどんな暮らしをしていたのかも（あるいは天武が巨躯であったわけも、持統が天武亡き後の侘《わび》しさを、旅行や宮の造営ばかりでなく食でも満たしていた、などということも）。とにかく、飛鳥からは目が離せない。

第13話　小　原

645（皇極4）年6月、蘇我蝦夷・入鹿父子
同　（大化元）年9月、古人大兄皇子
649（大化5）年3月、蘇我倉山田石川麻呂
658（斉明4）年11月、有間皇子

いわゆる大化の改新（乙巳《いっし》のクーデター）及びそれ以後に、中大兄皇子の手によって抹殺された主な人物である。

古人大兄皇子《ふるひとのおおえ》は蘇我馬子の娘・法提郎媛《ほほてのいらつめ》と舒明天皇との間に生まれた皇子で、蝦夷・入鹿を後ろ盾に皇位継承者と目されていた。

蘇我倉山田石川麻呂は蘇我氏の有力者でありながら、入鹿らに反発し、クーデターでは中大兄らに協力して、三韓からの上表文を読むなど重要な役割を果たした。有間皇子はクーデターの後、皇極女帝から皇位を継いだ孝徳天皇の皇子である。有力な皇位継承候補者だった。

それぞれの細かなことについては、他にいろいろ書かれているし、わたしはよく知らないので置いておくが、先に、これらの人物たちは「中大兄皇子の手によって」抹殺された、とは書いた。

藤原鎌足を祀ってある多武峰の談山神社で、代々神主をしていた家が遠縁にあたるので、あまりこういうことは言いたくないのだが、やはりどう考えても本当は「中大兄皇子と中臣鎌子によって」と書くべきだろう、とは思っている。

中臣鎌子が天智天皇から大織冠《たいしょくかん》という位階を（後に26階に変更されるが、大化の改新政府が定めた7色13階の冠位の第1位で、鎌子に初めて）授けられるとともに、藤原姓を賜るのは、669（天智8）年のことである。前年に中大兄皇子はそれまでの称制をやめ、正式に即位し天智天皇となっているのだ。

中大兄が何故これほど長きにわたり皇位に就かなかったかという疑問もあるのだが、いまそれは別にして、絶えず皇子に寄り添い、しかも猜疑《さいぎ》心の権化のような皇子の怒りをかい謀殺されることもなく、後々の世まで栄華を極める家を築いた鎌足という男は、いったいどんな人物だったのだろう。

単なるゴマ擦りだったわけではなかろう。単に狡猾《こうかつ》だっただけではなかろうし、頭脳明晰《めいせき》だけだったわけでもなかろう。いわゆる冷酷無比だけだったわけでもなかろうし、弁舌が巧みだっただけではないだろう。いわゆる臨機応変、機を見るに敏だけだったわけではないだろうし、度胸があっただけではあるまい。ただ胆が据わっていただけでもあるまい。また色を好むだけだったわけでもなかろう。運に恵まれていただけだとも思えない。

となると、鎌足という男はとてつもない人物だったことになるのだが、はて？

そこまで考えなくてもいいような気もするのだが、ともかく良い悪い好き嫌いは別にして、大した男だったように思える。

さて、この鎌足の生まれた場所だが、常陸《ひたち》国の鹿島神宮境内だという説がある。それはそれとして、飛鳥にも鎌足生誕の地がある。

といっても、明日香村小原の大原神社の境内入口右脇に、「大織冠誕生舊跡《きゅうせき》」と刻まれた石碑があり、左脇に、何本かの丸太に支えられ、いまにも倒れてしまいそうな土塀のそばに、天武天皇が鎌足の娘・五百重娘《いおえのいらつめ》すなわち藤原夫人（ぶにん、と読む）に贈った歌と、夫人が返した歌を刻んだ歌碑が立っているだけなのだが。

倒れかけた土塀といい、どこにでもありそうな小さな社殿といい、およそ大鎌足の生誕地としてはまったく相応しくないと思えるような雰囲気であるが、それがいいのです。

ここは、まわりが田圃や森に囲まれ、すべてが昔懐かしいままの景色なのである。つい

「大織冠誕生舊跡」の石碑がある大原神社

30年前くらいは、わたしが住んでいたところもそうだったのだ。

鎌足とはいえ、子どものころはやはりゴム草履（鎌足のころはまだ藁《わら》製だったかもしれない）を履いて、鼻水垂らしながら、その辺りの畦道や森の中を駆け巡っていたのではないだろうか、と思ってしまうのだ。

それともそれは近所の悪ガキで、まさかあれほどの人は幼少のみぎりから、そんなはしたないことはしなかったのだろうか。きっとそうなんでしょう。

外出するときは大勢の付き人を従え、家では小さいころから英才教育を施されていたのだろうと思うが、この生誕地といわれる所は、眺めていると案外そうでもなかったのではなかろうか、と思いたくなる風情の場所なのである。

大原神社から20㍍ほど西に行くと、鎌足

大原神社にある天武天皇の藤原夫人の歌碑（1995年撮影）。後方の土塀は今は新しくなっている

の生母だといわれる大伴夫人（これもなぜか、ぶにん、と読む）の墓だといわれる所もある。ちなみに、鎌足自身は摂津・安威山に葬られていることは、発掘調査で確かめられているようだ。鎌足が使ったといわれる産湯の井戸は、急いでいて見落としてしまった。それとも目にしていたのに、表札もなく石か何かで蓋《ふた》してあって、わからなかっただけだろうか。

追　書

それほど日を経ず、後日再度大原神社を訪れたとき、いまにも倒れてしまいそうだった土塀が、何としたことかコンクリートで補修され、完全に以前の面影をなくしていた。

第14話　雷

「雷《いかづち》」という地名にかかわって、とても魅《ひ》かれる面白い話があるので紹介します。

『小子部《ちいさこべ》の栖軽《すがる》は、初瀬《はつせ》の朝倉の宮にて23年間天下をお治めになった雄略天皇（大泊瀬稚武《おおはつせわかたけ》の天皇《すめらみこと》とも申しあげる）の随身で、腹心の侍者であった。天皇が磐余《いわれ》の宮に住んでおられた時のこと、后と大極殿で同衾《どうきん》なさっていたところ、栖軽はそれとも気づかず不意に御殿に参入した。天皇は恥ずかしがって、そのままで事をやめてしまわれた。

折しも、空に雷が鳴った。そこで天皇は照れ隠しと腹いせに栖軽に、「おまえは雷を呼んで参れるか」と仰せになった。栖軽が、「お迎えして参りましょう」とお答えした。天皇は、「ではおまえ、お迎えして参れ」とお命じになった。栖軽は勅命を奉じ、宮殿から退出した。赤色のかずらを額につけ、赤い小旗をつけたほこを持って馬に乗り、阿部村の山田の前の道から豊浦寺《とゆらでら》の前の道を走らせて行った。軽《かる》の諸越《もろこし》の町なかに行き着いて、「天の鳴神《なるかみ》よ、天皇がお呼びであるぞ…」と大声で呼んだ。そして、ここから馬を引き返して走りながら、「雷神といえども、天皇のお招きをどうして拒否することができようか」と言った。走り帰って来ると、ちょうど豊浦寺と飯岡との中間のところに、雷が落ちていた。栖軽はこれを見て、直ちに神官を呼び、輿に雷を乗せ、宮殿に運び、天皇に、「雷神をお迎えして参りました」と奏上した。その時、雷は、光を放ち、明るくパッと光り輝いたのであった。天皇はこれを見て恐れ、たくさんの供え物を捧げて、雷を落ちた所に返させなさった。その落ちた所を今でも雷《いかづち》の岡と呼んでいる（飛鳥の都の小墾田《おはりだ》の宮の北にあるという）。

その後、栖軽が死んだ。天皇は、命じて遺骸を七日七夜仮葬にして祭られ、彼の忠信を偲《しの》ばれ、雷の落ちた同じ場所に彼の墓を作られた。彼の栄誉を長くたたえるべく碑文の柱を立てて、これに、「雷を捕らえた栖軽の墓」と記された。この雷はこの碑文を憎み恨んで、雷鳴をとどろかせて落ち下り、碑文の柱を足蹴にし踏みつけたものの、雷は柱の裂け目にはさまれて、再び捕らえられてしまった。天皇はこれをお聞きになり、雷を裂け目から解いて放免なされたので、雷は死を免れた。しかし雷は七日七夜も放心状態で地上に留まっていた。

天皇の勅使は、再び碑柱を立て、これに、「生きている時も死んでからも雷を捕らえた栖軽の墓」と書いた。……略……。』（小学館『日本古典文学全集』中の「日本霊異記《りょういき》」上巻、第一話「雷を捉へし縁」の現代語訳より抜粋）

文中末尾にもあるように、雷あるいは雷丘という地名にまつわる有名な話である。どんな姿をしていたかは記されてはいないが、稲光を天から翔《か》け降《くだ》り、また天に翔け登る竜という架空の生き物あるいは神の化身と見たのはむべなるかな。

『日本書紀』にも、

――天皇がスガルに、三輪山の神の姿を見たいので捕まえてこい、と命じた。ところが、スガルが捕らえてきたのは大ヘビで、雷のような音を立て、目をギラギラと輝かせていた。それを見て恐れをなした天皇が殿中に隠れてしまわれたので、スガルは大ヘビを岳《おか》に放し、その岳を雷丘と呼ぶようになった。という話がある。

こちらの方は三輪山の神が飛鳥に移ったということとも関連するのかもしれないが、大ヘビを神の化身と捉えたのである。いずれにしても奇想天外で愉快な話である。闇を切り裂く稲妻に、天翔《あまかけ》る竜神の姿を見る古人《いにしえびと》の、ユーモア溢れる豊かな想像力が編み出した寓《ぐう》話《わ》であることは間違いない。

しかし、わたしが興味を魅かれているのは（と、書けばもうすでにお気づきの向きもあろうかと思われるが、その通りである）雷や

雷丘

大蛇のことではない。

オオハツセワカタケルノミコト、すなわち雄略天皇というのは、中国の『「宋書」倭国伝』に登場する倭の五王、讃（履中）・珍（反正）・済（允恭）・興（安康）に続く武にあたるとされ、478年に宋の順帝に上表文を呈した人物である。極めて専制的な君主でもあったらしい。

そんな雄略天皇なのに、スガルに雷神を捕らえてくるよう命じた動機が、嫁さん（韓媛《からひめ》）との最中を邪魔された、その照れ隠しと腹いせだったというのだから、切実で、またなんとも微笑ましいではありませんか。まさか正史である、『書紀』にはこんなことは書けなかったのでしょう。

それにしても、照れ隠しと腹いせのため、雷神を捕らえてこいと言うあたり、さすがと言うべきでありましょうか。凡人ではとっさのこと、それどころではなくて、そんなことなかなか言えるものではありません。狼狽《うろた》えるだけで。

そしてこのとき、歴史に「もし」や「たら」は禁物だけれど、それでも、――もし雷が鳴っていなかったら、何を捕らえてこいと命じたのだろう。月か星でも捕まえてこいと言ったのだろうか。そうすれば、雷丘という地名も生まれなかったんだろうな。

などと馬鹿なことを考えるのが関の山です。ともかくそのとき、雷が鳴っていて、天皇とお后《きさき》さまのためにもつくづく良かったと思う。

追書

三輪山の神さんの末裔《まつえい》だなどと言うつもりはない。大ヘビの話が出てきたついでというか、珍しいと思ったので書く。飛鳥とは全然関係のない話である。

今日（1995年7月17日）、この項を書き終え出勤する（定時制なので日中のこと）途中、久し振りにヘビと出会った。田圃の中の狭い道に車を走らせ、曽我川の堤防に続く坂道にかかったときだ。坂を下ってきた対向車が急に停止した。

見るとかなり大きなヘビが、道路の真ん中で立ち往生している。わたしも車を止めた。灼《や》けつくようなアスファルトの上で、ヘビはなかなか道路を横断しようとしない。思わず対向車の運転手さんと顔を見合わせ、苦笑しながら行き過ぎるのを待った。

むかしからヘビは嫌いなので見たくもないのだが、自然と目がそちらに向いてしまう。よく見ると、体の一部が変な形に湾曲している。たぶん、前に通り過ぎた車にやられたのだろう。なかなか前へ進まないのはそのせいのようだ。それでも数刻後には、草むらの中に消えた。

以前はよく、ひしゃげたカエルやヘビの姿を目にしたものだが、このごろはそれもほとんど見なくなった。傷ついていたとはいえ、先日飛鳥坐《あすかにいます》神社を訪れたとき、目の前を横切って行った黒いヘビといい、立て続けに生きたヘビと出会えるなんて、何かいいことあるような気がしてならない。

それとも不吉な出来事の前触れだろうか。前者であってくれればいいと、願うばかりである。

つぎは亀石。

第15話　川　原

地図帳を開くと、九州大隅半島の南、屋久島と奄美大島との間に、口之島・中之島・臥蛇（ガジャ）島・小臥蛇島・平島・諏訪之瀬（スワノセ）島・悪石（アクセキ）島・小島・宝島・小宝島・上ノ根島・横当島と、最大でもゴマ粒ほどの小さな島々が描かれていて、吐噶喇（トカラ）列島と書いてある。

どの島かまでは定かではないが、わたしは以前からずっと、「トカラ」というのはここだと思っていた。ところが以前にも引用した、宇治谷孟著・講談社学術文庫『日本書紀（下）全現代語訳』の注によると、

――タイ国のメコン河下流にあったドヴァラヴァティ王国と考えられる。

とある。

恥ずかしい話だが、どうやらこちらが本当らしいので、この注に従う。ともかく筑紫に漂着した都貨邏（トカラ）国の男2人、女4人が飛鳥の宮に召され、天皇に饗を賜ったのは657（斉明3）年7月15日のことである。

孝徳天皇の653（白雉4）年にも吐火羅（トカラ。同じ書紀でも、こちらの場合はこう書いてある）人5人が日向に漂着しているが、このときは宮へは召されなかったようだ。

珍しいもの好きだったらしい斉明女帝は、中から噴水のように水を噴き出す須弥山《しゅみせん》石や石人像などを造らせ、盂蘭盆会《うらぼんえ》を開き、彼らを手厚くもてなしたようだ。当然豪勢に酒食も振る舞われたに違いない。

16日以降、彼らがどう遇されたのかはわからないが、もし幾日か宮に滞在し、その後帰国したのであれば、それほどの饗応《きょうおう》を受けたのだ、それ相応の答礼をすることもなく、国に帰ることができようか。で、この亀石と呼ばれているものを彫って、珍しいもの好きだった斉明天皇に献上した、というのは考え過ぎだろうか。

ところでこの亀石であるが、甲羅から顔を

通称「亀石」。本当はガマガエル石ではないのかな！

突き出し、のんびり昼寝でもしているようで、確かに姿・形は亀に似ている。だから亀でもいいのだが、しかしよォーく見ていただきたい。亀の頭があんなに大きいだろうか。普通の亀の頭はヘビのそれに似ている。そしてあの腫れぼったい目。多分そのつもりで置いたのだろうが、むしろ亀石の前に据えてある『亀石』の案内板を背中に背負った石の方がずっと亀石らしい。

タイ辺りに行くと、水の神のつかいとして、亀ではなくカエルをかたどり祀ったりしているのではないだろうか。献上物が実はカエルだったのに、てっきり亀だと勘違いしたのでは……。

「亀石」の説明版を背負ったミニ亀石

ちなみにこの亀（カエル）石の重量だが、おおよそ15トン（40トンと記述してあるものもあるが、いずれにしても重過ぎて計量しようがないので、取りあえずこうしておく）ということである。

益田岩船推定１００トン、石舞台古墳石室最大の南側天井石推定77トンなどと比較すれば小さく見えるが、それでも最盛期の小錦関で約２６０キロだから、あの大きな小錦57人分ということになる。

まさかとは思うけれど、このでっかい亀（カエル）が西を向くと、大和一円は泥の海になるらしい。川原寺の発掘調査が行われたとき、一緒に調べたところでは、亀（カエル）石の下面東半分には格子状の刻文が見られ、西の半面は平面に仕上げられていたそうである。

その刻文が何語だったのかわかれば、わたしの謎も解けるのだが、重過ぎて手に余りそれがわからない。いずれにしても、とにかくこの亀（カエル）石も巨大な謎ではある。

ついでに手元にある世界史関係の辞典によると、ドヴァラヴァティ王国とは、

——7～8世紀ころ、メナム川下流域を中心に存在したモン（ビルマ・タイの沿岸地帯に居住する民族。ドヴァーラヴァティー・ペグー朝などの国家をつくり、早く受容したインド系文化を発展させ、文字・仏教・美術などで他民族に大きな影響を与えた）人の国。扶南（クメール人の最初の国家）の衰退後に自立したらしいが、盛時にはマライ半島中部や、ビルマのラングーン方面まで勢力を伸ばし、また中国などと通交した。8世紀以降、南からのシュリーヴィジャヤの勢力の影響で衰えたと思われる。仏教文化が栄え、ドヴァーラヴァティー式仏像など独特の遺物がある。


ということである。

独特の遺物、というものがどんなものであるのか、一度目にしたいと思うのだが、それより辞典なんか引いて余計なことを書いたために、扶南（フナン）やペグー朝、シュリーヴィジャヤなど調べなければいけないものが増えて、やっかいなことになった。これも何も言わない亀（カエル）石のせいだ。

川原には川原寺もある。

追　書

１９９５（平成７）年9月10日（日）、大相撲秋場所初日のテレビ中継を見ていたら、場所前の計量で小錦関は２８４キロだったということです。あしからず。

第16話　阿部山（ひみつ）

『モニターを凝視する私たちの前で、ファイバースコープが左へターンした。円形レンズのために丸くなっている映像の前で、白い漆喰《しっくい》の上にQの字を横に寝かせたようなものがぼんやりと映った。

……略……

盗掘によって流入した土の上をはうようにして、ファイバースコープは進んで行く。この時期の古墳は、盗掘穴から流入した土砂が上にのっているために、石室のなかにはほとんど遺物が見られないものである。周辺には、壁から剥落《はくらく》した漆喰と思われる純白のせんべい状のものが、あちらこちらに散らばっていた。そのなかをファイバースコープはかき分けていった。そのようにして、左右の壁をゆっくりとなめ回しながら、最後に映し出した画面が北の壁であった。そして、そのとき私たちはあの玄武を見たのである。……略……。』（吉川弘文館発行・猪熊兼勝著『飛鳥の古墳を語る』より）

それは、うっかりしていると見過ごしてしまうほどの、小さな看板だった。車がようやく通れるほどの狭い道を登って行くと、右手に物置小屋のような建物があり、そこに「キトラ古墳」と書かれた小さい看板が掲げてあった。

しかし、小屋の向こうは傾斜地で、いくら辺りを見渡してもそれらしきものがない。仕方なくもう少し行くと、今度は道の左手に、同じく「キトラ古墳」と書かれた小さな看板が立っていた。看板の後ろは小丘陵地だ。雑木林に覆われているだけで、それらしいものはない。

どうもキツネにつままれているようで、変な感じだ。もう一度まわりを確認する。坂道を登り切ったところに、地肌を剥《む》き出しにして切り開かれた場所がある。たぶんあそこだろうと思って、これも新しく造られたらしい地道を登って行くと、きれいに土砂を採り除いた平地があった。しかし、やはりそれらしきものはない。

本格的な発掘調査や公園整備が行われる前のキトラ古墳。私が発見したキトラ古墳はこんなだった

この丘陵地そのものが古墳なのだろうか、などと思いながらうろうろしていると、初老の男の人が坂を登って来て、「どうしたんですか」と尋ねた。「いえ、キトラ古墳を見に来たのですが、どうも場所がわからなくて」

わたしにとっては幸いだった。その人の説明によると、わたしが立っていたのは私有地で、キトラ古墳は2番目の看板が立っていた所から10㍍ほど奥にあって、直径5㍍くらいの円墳でビニールシートがかけてあるということである（後で気づいたのだが、丁寧に説明してくれたその人は、どうやらその土地の持ち主で、うさんくさそうな男がうろうろしているので様子を見に来たらしい。申し訳ないことをした上に、案内までさせてしまったようだ）。

ともかく礼を言って、元の場所に戻った。よく見ると、それらしきものがある。キツネにつままれていたわけではなかったのだ。

冒頭に引用したのは、1983（昭和58）年、キトラ古墳で初めてファイバースコープによる調査が行われ、高松塚古墳に続き石室の壁面に描かれた玄武を発見したときの様子を克明に綴《つづ》ったものである。

そのときの模様はNHKで放送され、わたしも確かに見た記憶がある。放送されるほどのものであったから、さぞかし立派なものに違いないという思い込みがあったのだ。

小便でもされたらかなわんと、うさんくさい男の様子を見に来ただけなのに、古墳の案内までさせられた人の話では、整備保存するには5億円ほどかかるらしいのでそのままになっている、ということである（その後、見違えるほど立派に整備されたのは周知のことと思う）。

どうすべきだ、なんて偉そうなことは言えるわけがない。それよりもこの機会に、キトラ古墳調査の後、1988（昭和63）年に斑鳩の藤ノ木古墳で石棺の蓋《ふた》が取り除かれ、棺の中が暴かれる直前に書いた、「ひみつ」と題する手記を記す。このときもファイバースコープによる事前調査が行われ、石棺内にいくつかの副葬品とともに水が溜《た》まっていることがわかっていた。多少歴史というものに興味をもち始めていたころで、その水にかかわり被葬者に関して拙い考察を巡らせたものである。以下については、まことにアホらしいもの（以前についても、同じと言われればそうですが）なので、無理して読まなくてもいいです。

ひみつ

「困ったことじゃ、困ったことじゃ」

独り言を言いながら、山の神さんがさっきから雲の上を行ったり来たりしております。それを見ていた海の神さんが、「山の神さん、なにをそんなに狼狽《うろた》えておるのじゃ」と声をかけました。ところが山の神さん、海の神さんの声が聞こえないのか、返事もしないでしきりに、「困ったことじゃ、困ったことじゃ」と、まだブツブツ呟いています。

「仙ちゃん仙ちゃん、どうしたというんだよ」

もう一度海の神さんが大声で話しかけると、その声にハッとわれに返った山の神の仙ちゃんは、「なんだ、元ちゃんか。大きな声を出して、びっくりするじゃないか」

「何言ってるんだ。さっきから何度も呼んでるのに、返事もしないでさ」

「あら、そうだったの。ちょっと考え事してたもんで、ちっとも気づかなかった。ごめんごめん」

「なんだかとても深刻な顔してたけど、何か心配事でもできたのかい」

「そうなんだよ。わかるかい」と言って、山の神さんはポーッと顔を赤らめました。

「ハハーン、恥ずかしいことなんだな。それも、かみさんに知られたら、こっぴどい目に遭わされるんだろう」

「実を言うと、そうなんだ。でも、どうしてそんなことまでわかったんだい」

「長いつき合いだもの、顔色を見ればだいたいのことはわかるさ」

「そうか」

「話してみろよ。オレがなんとかしてやるよ。困ったときはお互いさまだ」

「ありがたいけど、でもなぁ」

「何をうじうじしてるんだ。早く話しなよ」

「じゃ、話すか。実はな元ちゃん、この秋にアワタの王を守ってきた石棺の蓋が開けられるという話を知ってるかい」

「ああ、知っているとも。人間界では大騒ぎしてるからな。それがどうかしたのか」

「それがなぁ、１４００年ほど前のことなんだ」と、山の神はその日のことをようやく話し始めました。

「ほんのこの前のことじゃないか」

「そうなんだ。だからやっかいなんだ。うちのやつも、まだはっきり覚えておるじゃろうからな」

「で、いったいアワタの王がどうしたというんだ」

「あの年は雨が降らんでのう。人間たちは稲の育ちが悪くて、ずいぶん困っておっての。毎日毎日、山の祠へやって来ては祈りを捧げておったのじゃ。ところがわしもそのころ、生まれたばかりの赤ん坊の夜泣きに悩まされ、ほとほと困り果てておっての。山の祠では、人間たちの願いを聞いてやるどころか、これ幸いと寝てばかりおったのじゃ」

「そらそうじゃの。夜泣きはかなわんからの」

海の神が相槌《あいづち》を打ちました。

「ところがじゃ、ある夜のこと、それはそれは美しい娘が祠の前に現れての。『山の神さま、お願いです。もうこれ以上日照りが続きましたなら、村人たちは一人残らず飢え死にしてしまいます。この上はこのわたくしを召し上げていただいても結構ですから、なんとか村人たちをお救いくださいませ』と、それはそれはかわゆい声で申すではないか。その声を聞いて、うとうとしておったわしは急にシャキーッとして娘にこう申したのじゃ。『よしよし、そなたの願いはよくわかったぞ。あすの夜、もう一度ここへ参れ。そうすればその次の日には雨を降らせてつかわそう』。そう言うと娘は、『ハイ、わかりました。よろしくお願い申し上げます』と礼を言って、その夜は帰って行ったのじゃ」

「それは大変なことじゃ」

海の神さんには、ここまで聞くと、すでに事の重大さがわかっています。

「そうじゃろ。いまから思えば、わしも娘の美しさに年甲斐もなく血迷ってしまったのじゃ」

「で、それからどうしたの」

海の神さんは早くその先が聞きたくて、ちょっと急《せ》かせました。

「娘にそう言っておいて、その足ですぐにかみさんの実家へ急いで帰っ……」

ここで少し説明しておきますと、お産のすぐ後なので、山の神さんの奥さんは赤ん坊を連れて実家に帰っていて、やむなく山の神さんもそこから山の祠まで眠気まなこをこすりこすり雲に乗って出勤していたのです。しかも奥さんの実家は土星なので、いくら神さまといえども往復に半日くらいはかかるのです。

「……で、『人間たちのために雨を降らせてやることになったので、明日は向こうに泊まり込むことになった』とかみさんに言って、風呂に入るとすぐその足で、かみさんから、『ごくろうさまです』と送り出されて引き返してきたのじゃ」

「それじゃ、かみさんはうまくごまかせたんじゃないか。何も心配することないじゃないか」

「ところがだ。その娘、実は村の主アワタの王の娘じゃったのじゃ」

「そう言われて思い出したが、アワタの王といえば仙ちゃん、あんたのかみさんの従兄弟じゃなかったのか。そりゃ大変だ」

「そうなんじゃ。娘の話では、親父から重々に言われてきたとのことじゃ。『決してそうのないように。そうすれば、後は父がなんとかする』と。そして次の朝、娘を迎えに来たアワタの王は、わしにこう言いおった。『山の神、娘と交わした約束は、必ず守っていただきますぞ。さもなくば昨夜のこと、きっと奥様に申し上げますぞ。よろしいかな』と申しおったのじゃ」

「そらそうじゃろ。おまえさんはいままでにも、何度も約束を破っておるからな」

と、海の神さんは大きく頷《うなず》いて、

「で、あんたは何と答えたのじゃ」と問い詰めた。

「『わかった、わかった。約束は必ず守るから、このことは絶対秘密にしておいてくれ。なあ、アワタ、約束してくれるか』と拝み倒したのじゃ」

「で、アワタの王は何と答えた」

「『ハイ、わかりました。山の神が約束を守って、雨を降らせてくださいましたならば、わたくしは決して他言いたしませぬ』と約束してくれた」

「それで、あんたはどうした」

「どうしたも、こうしたもあるもんか。すぐに力いっぱい雨を降らせたさ」

「それならそれでいいじゃないか。約束は守ったんだし、アワタの王も守ったんだろ」

「もちろんアワタの王もしっかり約束を守って、死ぬまで誰にも話さなかったさ」

「それなら万事うまく収まったのではないか。何も心配することはなかろう」

「ところがじゃ。この秋に、そのアワタの王の棺《ひつぎ》の蓋が開けられるということじゃ。わしはもう心配で心配で、夜もおちおち眠れん」

「死人に口なし、もうアワタの王は死んでしまっておるというのに、棺の蓋が開けられるくらいで、何をそんなに心配しておるのじゃ」

「ところが元ちゃん、聞くところによると、アワタの王はもう骨だけになっておるというではないか」

「それがどうしたんだ」

「ということは、あの約束はアワタの王の体から離れて、石棺の中でうろうろしておるということではござらぬか。蓋が開けられれば、あの約束がみんなの前にポワーンと浮かび出してくるではござらぬか。もしそれがテレビで、『ただいま、石棺の蓋が開けられます。何が出てくるのでしょうか。さて、いよいよです。ああ、いま開けられました。……あれ、何か変なものが浮かんでまいりました。森先生、いったいあれはなんでしょう』『さあ、調べてみなければよくわかりませんが、埋葬者の遺言か何かかもしれませんね。さっそく、ビニール袋に取っておくよう指示しておきましょう』『そうですか。みなさん、森先生のお話にあったように、あの変なものの正体は後のお楽しみということにして、さて、中はどうなっているのでしょう。間もなく画面に映し出されます。さて……』なんて放送されたのを、うちのかみさんがもしテレビで見ていたら、それこそ上を下への大騒ぎになってしまうだろう。わしはそれが心配で心配で」

「なんだ、そんなことか」

「そんなことかと簡単に言うけど、どうにかできるのか」

「簡単なことじゃないか。いやしくも、わしは海の神さまじゃ。あの石棺の中に入って、その約束を水に流してきてやろう」

「そうか、それはありがたい。元ちゃん、ぜひそうしてくれ。一生恩にきる」

「よし、ではしばらくここで待っていなさい」

と言うと、海の神さんは空飛ぶ亀にまたがって、さっそうと飛んで行きました。

事前調査の折、ファイバースコープで中を覗いたとき、石棺内に水が溜まっていたのは、その時海の神さんが残していったものなんです。だからその水を顕微鏡で詳しく調べてみれば、山の神さんとアワタの王の約束が見えるかもしれませんよ。（おしまい）

まじめに研究されているみなさま、許してください。

第17話　越

飛鳥といえばどうしても近鉄吉野線の東側、石舞台古墳や高松塚古墳、それに亀石や酒船石、あるいは飛鳥寺や橘寺・岡寺など著名な古墳や遺物、寺院などのある地域を思い浮かべる人が多いのではないだろうか。わたしもそうなのだが。

まさか線路が隔ててしまったわけでもなかろうが、かつて京があり、華やかな祭礼や、あるいはまた陰惨な政争が繰り広げられた舞台のほとんどは、先の辺りに集中しているのだからやむを得ないかもしれない。

しかし近鉄吉野線飛鳥駅の西側にも、確かに飛鳥がある。真弓の丘と呼ばれる丘陵地帯である。

まず牽牛子塚《けんごしづか》古墳。

標識がなければ、わからないだろうと思う（当時は）。飛鳥から御所《ごせ》に通じる県道を脇にそれてしばらく行くと、林の中にこんもりとした、ちょうど高松塚古

斉明天皇母子の墓とされる牽牛子塚古墳

墳の隣にある中尾山古墳くらいの小丘があって、石室の入り口が開いている。

埋葬された当時はそれ相応の様相を呈していたのだろうが、古墳の現在の姿からはここに皇極天皇（のち重祚《ちょうそ》して斉明天皇）と、その娘・間人《はしひと》皇女（孝徳皇后）が眠っていたとはとても思えない。

このシリーズにも何度か登場していただいたが、皇極天皇すなわち宝皇女は茅淳王《ちぬのおおきみ》を父、吉備《きびつ》姫王《ひめのおおきみ》を母とし、舒明天皇との間に中大兄皇子（後の天智天皇）、間人皇女、大海人皇子（後の天武天皇）をもうけた。

ちなみに、その主な事跡と関連する事項を『明日香村史』（前述、上巻「歴史編」古代飛鳥史料略年表　173〜176頁）から拾い上げると、次のようになる。

【642（皇極元）年】

・夫、舒明天皇の跡をうけ即位。
・南淵の河上に行幸し、四方を拝して雨を請う。
・大和国飛鳥宮に都する。
・百済大寺造営のため、近江と越の丁を徴発する。
・小墾田宮に遷る。

【643（皇極2）年】

・蘇我入鹿、山背大兄王を斑鳩宮に襲う。

【645（皇極4）年】
・中大兄皇子・中臣鎌足らとともに、蘇我入鹿を宮中で殺害す。
【同（大化元）年】
・軽皇子（孝徳）即位。
【655（斉明元）年】
・皇極上皇、飛鳥板蓋宮に即位。
・小墾田に瓦葺の宮殿を造ろうとし失敗す。
・飛鳥板蓋宮炎上し、飛鳥川原宮に遷る。
・後飛鳥岡本宮に遷る。
・田身嶺に垣を周らす。
・田身嶺に両槻宮を造る。
・香山の西より石上山に至るまで渠を掘り、舟二〇〇隻で石上山の石を宮の東の山に引き上げ、石を重ねて垣とする。時の人、狂心渠《たぶれごころのみぞ》と呼んで謗《そし》る。石の山丘おのずから崩れた。
・岡本宮に火災。
【657（斉明3）年】
・飛鳥寺の西に、須弥山《しゅみせん》像を造る。
【658（斉明4）年】
・有間皇子、蘇我赤兄《あかえ》に欺かれ、謀反の疑いで捕えられて、藤白坂で絞殺。

【659（斉明5）年】
・甘樫丘の東の川上に須弥山《しゅみせん》を造る。
【660（斉明6）年】
・石上池のほとりに、須弥山を造る。
【661（斉明7）年】
・斉明天皇、筑紫の朝倉宮で崩御。

その時々の事情で帝位に祭り上げられたにもかかわらず、何度宮を火災などで失おうと、狂心だと謗《そし》られようがお構いなく、激動の時代に女帝は波瀾《はらん》万丈の一生を送ったのである。享年67歳であった。

いろいろ問題もあろうと思うけれども、一人の人間としてみた場合、魅力がないとは言えない。しかも息子二人はともに（官制のではあるかもしれないが）歴史上、その名を大きく留《とど》めているのだ。それにしては、扱い方が粗雑過ぎるのではと思わないわけでもないのである。

ともに埋葬されていたのは帝の娘で、孝徳天皇の皇后だった間人皇女であったらしい。叔父である孝徳天皇の皇后となったものの、皇女は同腹の実兄である中大兄皇子を慕い続けていた。

そして653（白雉4）年、中大兄が天皇の許しを得ず、皇極上皇や大海人皇子らを引き連れ難波長柄豊碕宮《なにわながらとよさきのみや》から飛鳥河辺行宮《かわべのかりのみや》に遷ったとき、夫を見捨て愛する兄に従ったのである。そのときのショックがもとで孝徳天皇は床に就き、翌年にはとうとう死んでしまったのだといわれている。この皇女もまた別の意味で興味深い人物ではある。

あと一つ、近鉄飛鳥駅西側すぐの所には、岩屋山古墳がある。明治時代に、イギリス人のウイリアム・ゴーランドが調査し、その素晴らしさに驚嘆したといわれる古墳である。

だが、難しいことはわからないので、猪熊兼勝著・吉川弘文館発行『飛鳥の古墳を語る』から、その解説を引かせていただいておく。

『近鉄「飛鳥駅」西側の真弓丘にある。一辺五五㍍、高さ一二㍍の二段築成方墳。墓室は南に開口し、長い羨道をもつ両袖式の横穴式石室。石室内壁は丁寧に加工した花崗岩を用いる。全長六・七㍍、玄室の両側壁は下を三石、上を二石の二段積、奥壁も上、下の二段積である。下段は垂直に立てるが、上段は内

切り石が美しく組まれた岩屋山古墳の石室

に傾斜する。石組の目地には漆喰をうめる。この墓室の石組は聖徳太子磯長墓と酷似しているといわれてきた。また、斉明天皇の母、吉備姫の墓とする説がある。』

以上。

第18話　真　弓

夜眠っていても雨が降っていれば、雨音で目が覚めるときがある。そして雨が降っていると思う。

しかし雨でも降らない限り夜空を見上げ、曇っているのか、晴れているのか、そんなことを知ろうとさえしないのが日常ではないだろうか。天候に左右される仕事をしているか、次の日にどっかへ遊びに行く予定があったりしない限り。

そのことや真弓とは何の関係もないが、今朝（1995年8月3日）の毎日新聞22面にこんな記事が出ていた。

『松江市教委は二日、同市大庭町の古墳時代後期（六世紀末から七世紀初め）の方墳「向山1号墳」の未盗掘の石棺式石室に初めてファイバースコープを入れて、内部を調査した。直径約一・五㌢の金環（イヤリング）が見つかり、石室内部にさらに家形石棺があることも分かった。今年秋に発掘調査する。

向山1号墳は出雲地方最大の「山代・大庭古墳群」の一角にあり、一辺二十数㍍の大型方墳。古代の出雲国造《いずものくにのみやつこ》（ことば欄参照）クラスの墓と考えられている。

金環は石室の玄室のほぼ中央にあり純金製とみられる。藤ノ木古墳（奈良県斑鳩町）をはじめ近畿、中国、九州地方で見つかっている「垂飾付耳飾り」のような装飾が、リングの下部に確認された。

家形石棺は熊本県を中心とする九州に集中しており、池田満雄・島根考古学会会長は「被葬者は出雲の支配者クラスと考えられる。大和政権とは一定の距離を保ちながら、九州と社会的交流を続けていたとも解釈でき、石室内部の発掘調査が待たれる」と話している。』

真弓鑵子塚古墳の石室入り口。現在は閉じられている

記事そのものにも興味はあるのだが、わたしの目に止まったのは、後ろから6行目にある「石室の玄室」という部分である。ここには出てこないけれど、これに古墳関係の書物を読んでいるとよく出てくる「石槨《せっかく》」や「墓室」を加えてみると、果たしてその違いを説明できる人がどれくらいいるだろうか。

全部「室」関係なのである。

たぶん、その空間が指す領域・規

模、材質、役割、築造方法等の違いによっているのだろうけれど、詳しくとなればわからない人が多いのではないだろうか。わたしもです、もちろん。

そこで真弓にある、鑵子塚《かんすづか》古墳である。途中で道が分かれるのだが、越《こし》の牽牛子塚《けんごしづか》古墳とは指呼の距離にある。古墳の近くにある案内板によると、南北両方向に羨道《せんどう》をもつ珍しい形の古墳であるということらしい。

行ってみると、確かに石室への入り口が二カ所口を開いていて、中で繋《つな》がっているのが外から見える。それがなぜ、どうして珍しいのか、あちこちの古墳を回って、実際に見比べてみれば判然とするのではないだろうかと思う。

ところで玄室というのは、鑵子塚古墳の場合、二本の羨道が繋がった横穴式石室内中央の、かつて石棺が安置されていたであろう所を指すのだろう。

なお、ものの本によると、この古墳の玄室は東西に二つあるらしいがそこまでは、夜はいつも酒を飲んで酔っ払い、雨が降っていることさえわからないわたしには、わからなかった。

ちなみに古墳名になっている「鑵子」だが、水差し、やかん、茶釜などを指す言葉である。そしてこの古墳のある場所の小字名も「カンスヅカ」という。いつごろからそう呼ばれるようになったのかはわからない。

もともと被葬者の名前をつけて、なになに王の陵《みささぎ》などと呼んでいたのだろうが、いつしかそれもわからなくなり（あるいは忘れ去られ）、形状か何かからそう呼ばれるようになったのだろう。五條や御所にも同じ名前の古墳があるので、地名の由来を調べていけばもっといろんなことがわかるのだろうけれど、いまは時間がないので避けて通るが、ともかく築造時期や被葬者についても不明な部分が多いようだ。

もう一つ、真弓には有名な神社がある。かつては式内大社（現在の社格は指定村社）だったその櫛玉命《くしたまのみこと》神社には、櫛玉彦命《くしたまのみこと》、櫛玉姫命が祀られている。

先日そこを訪れたときのことである。玄関脇に掲げられた看板の注意事項を見て、どこの人かは知らないが、

――こんなとこに魚みたい、どこにおるんやろ。

と喚《わめ》いている人がいた。

――なにアホなこと言うてるんや。こんなとこに魚おるわけないやろ。

と思いつつ、帰りがけにさりげなく看板を見て、そう喚かれていたわけがわかりました。

さて看板には何て書いてあったのでしょう。

櫛玉命神社

「魚鳥等を取らぬ事」。櫛玉命神社鳥居前の看板

第19話　地ノ窪

明日香村教育委員会文化財課に尋ねてみると、地ノ窪というのは、「明日香村真弓の中に、真弓と地ノ窪の二つの集落がある」とのことである。

以前も書いたように、わたしが住んでいる橿原市新口町が子どものころ、磯城郡田原本町大字多村小字新ノ口村と表記していたのと同じようなものだということである。先の真弓が大字で、後の真弓と地ノ窪が小字ということになるようだ。

まあそれはいいとして、この地のマルコ山古墳について。

あるがまま、ほぼ自然に近い形になったものより、新たに人の手が加えられ、きれいに整備されたものの方が自然に見えるのはわたしだけだろうか。であるばかりかむしろ、それがあるべき姿なのだとまで、この古墳を見ていると思ってしまうのではないか。

越の牽牛子塚《けんごしづか》古墳から真弓の鑵子塚《かんすづか》古墳を巡って、地ノ窪のマルコ山古墳までやって来ると、ふとそんなことを考える。逆のコースを辿《たど》ればまた別の感懐をもつのかもしれないが、ともかく高取川に架かる地ノ窪橋を渡り、櫛玉命神社を脇に見て、地ノ窪の集落へ続く坂道を登って行くと右手に、まさに丸っこいマルコ山古墳が見えてくる。

後部に一本の大木とトイレ・倉庫のある屋根付きのベンチがあり、一部剥落しているところもあるが、古墳全体に芝が張られ、石室も見えない。周辺の遊歩道もきれいに整備されている。

そして見晴らしがいい。眼下には櫛玉命神社の森が見え、その向こうには栗原や桧前とおぼしき辺りの田園風景や飛鳥地方東縁の山々が望める。また右手前方には高取高校（現・高取国際高校）のグラウンドが見え、高校生たちが運動している様子もうかがえる。

良い悪いは別にして、こうしてあると、ほかの古墳と規模自体はそれほど変わらなくても、なかなか立派に見える。そして、きっと大層な人が眠っているのだろう、と思うのである。

と、まあ、外見から思うのは以上のようなことで、依然として詳しいことは資料に頼らざるを得ない。電話した経緯もあり、今回は一方的、全面的に明日香村文化財課のお世話

マルコ山古墳。石室に壁画は描かれていなかった

になります。
その2017（平成29）年3月1日時点のホームページには、
『マルコ山古墳2
はじめに
マルコ山古墳は明日香村大字真弓に所在する終末期古墳です。周辺には牽牛子塚古墳や真弓鑵子塚古墳、そして束明神古墳が点在しています。この場所は真弓崗と呼ばれた地域で飛鳥時代を演出した人々の奥津城《おくつき》として多くの古墳が築かれています。マルコ山古墳もその一つで大正12年に刊行された『高市郡古墳誌』には「マルコ山塚」と記されています。
マルコ山古墳の本格的な調査は昭和52年から平成2年にかけて合計3回行われており、版築で築かれた墳丘の中央部分には凝灰岩《ぎょうかいがん》で造られた横口式石槨《せっかく》の存在が確認されています。内部からは漆塗木棺片や金銅製の飾り金具、そして人骨（30歳代の男性）などが出土しています。
今回の調査
……以下略……。』
ということです。略した部分は明日香村文化財課のホームページをご覧になってください。

第20話　奥　山

——確かに十三重やわ。けど十三重の十三て、どういう意味あるんやろ。
中年の女性が首を縦に振りながら、声には出さず目で塔の笠の数を数えながらそう言った。
——そらやっぱり、それなりの意味あるんやろな。

石塔にカメラを向け、盛んにシャッターを切っていた、これも中年の男性がそう答えた。しかしそれでは答えにはなっていない。それきり二人の会話は途絶えてしまった。

奥山久米寺を訪ねたときのことである。今度はこのシリーズ・第1話で出てきた中学生と先生ではなく、たぶん夫婦で四十過ぎと思われる男女の会話を、挟まなくてもいいのに、またまた小耳に挟んでしまったのだ。

そういえば、桧前の於美阿志《おみあし》神社（桧隈寺跡）境内に立っている石塔も、現在上部の二段が欠けてはいるものの、十三重である。

余計なことを聞いてしまったものだ、と悔やんでみても仕方がないので、家に帰ると調べてみようと思った。ところが家に帰って書棚を見ても、それらしい本が皆目といっていいくらいない。ただ一冊、中村元・三枝直悳著、小学館の『バウッダ［佛教］』だけがほこりをかぶっている。

以前途中まで読んでわけがわからず、そのまま押し込んであったものだ。引っ張り出してパラパラとページをめくってみたが、それらしいことは書いてありそうにない。仕方なく仏教関係の数人の知人や図書館でそれらしい書物にあたってみた。

結論を先に言おう。くまなくスッキリとしかも簡潔に、誰もが納得できるような答えにはたどり着けなかったのである。関係する書物は、門外漢のわたしには前述のバウッダ同様難しすぎて理解できずに途中で放棄せざるを得ず、関係者からもこれという答えは返ってこなかったのである。

結局結論として得たものは、関係の美術・建築史から、儀礼・儀式の変遷、各宗派の教義等に至るまで、仏教にかかわるあらゆる事柄について調べなければならないこと。そして、それでも答えが出るかどうかわからないということ、ということであった。宗教は奥が深く、複雑なのだ。何の知識ももたないわたしに、そんなことは一生かかってもできるものではない。

オーバーな言い方だと思われるかもしれないが、しかしほんのわずかだとしても実際ルーツをたどってみて、わたしはそう思わざるを得なかった。

このシリーズの各所でも見られたことだが、当然当時はそれ相応の意味をもっていたのだが、いつしか本来の意味も失われたにもかかわらず、それはそれとして、素朴に信仰され続けてきたものがあるのだ。あるいは各地に伝わるうちに、それぞれ独自の様式が生み出され、意味づけが行われていることもあるだろう。

しかし、そんなことばかりも言っていられないので、なぜ十三なのかという問いには答えてくれてはいないのだが、ともかく、ひろさちや監修・主婦と生活社刊『仏教の知識百科』の「◉仏塔の見方」の項を引用しておきたいと思う。

『仏塔の役割と意味

寺院には「塔」という文字のつくものが多い。五重塔とか三重塔、またはお墓の墓石の後ろに並ぶ板塔婆（卒塔婆ともいう）、そして五輪塔などである。

この塔とは、サンスクリット語（梵語《ぼんご》）のストゥーパを音訳した「卒塔婆《そとうば》」を略したもので、古代インドにおいては〝土を丸く盛り上げた墓〟を意味していた。しかし、お釈迦《しゃか》さまが亡くなってからは、その遺骨（つまり仏舎《ぶっしゃ》利《り》）を埋めて奉安したものをストゥーパと呼ぶようになったのである。

それが日本に入り、さまざまなバリエーションを生み出した。私たちがお彼岸や施餓鬼《せがき》などで、板塔婆に先祖の戒《かい》名《みょう》などを書いて供養《くよう》をするのは、塔をつくるという形式を踏襲しているものである。

十三重塔が立つ奥山久米寺跡

また、寺院で五重塔など大きな塔をつくって仏舎利を奉納しているのは、いうまでもなくお釈迦さまの供養をすることであるし、ときの権力者や高僧などが亡くなったときに〝供養塔〟を建てるようになったのも、同じようなことである。この〝供養塔〟が、石塔として残っているのが、すなわち〝仏塔〟である。

仏塔の種類

……略……

十三重塔

これは、塔身が十三層に重ねてあるもで、その一層が一仏を意味し、計十三の仏菩薩《ぼさつ》を象徴している。そして、下部の四面には、四方仏を刻んである。

古くは法隆寺の五重塔をはじめ、三重・七重・九重・十三重・十五重といった多層塔がつくられているが、これらの形をまねて墓石《ぼせき》としてもつくられるようになった。

平等院前の宇治川の中の島にあるものが日本一大きい。また、法然院の〝十三塔〟、化野《あだしの》の念仏寺のものが有名。……略……。』

文中の「計十三の仏菩薩」というのは何か。岩波書店の『広辞苑』(昭和42年11月1日、第1版25刷)を引くと、「十三仏」という項があって、

——初七日から三十三回忌まで一三回の追善供養仏事に配当した仏・菩薩。地蔵十王経に説かれ

る十仏事に、室町時代に後の三仏事が加わって成立。
とあり、
初七日…………不動明王
二七日…………釈迦如来
三七日…………文殊菩薩
四七日…………普賢菩薩
五七日…………地蔵菩薩
六七日…………弥勒菩薩
七七日…………薬師如来
百カ日…………観世音菩薩
一周忌…………勢至菩薩
三回忌…………阿弥陀如来
七回忌…………阿閦如来
十三回忌………大日如来
三十三回忌……虚空蔵菩薩
となっている。
いわゆる十三仏信仰のことなのであろうが、時代がずれるようなので、そのままこれをあてはめることはできないようなのである。

また、「下部の四面には、四方仏」の「四方仏」も宗派によって様々であり、例えば桧隈寺跡にある十三重石塔には梵語《ぼんご》で、東・ウーン（薬師）、南・バク（釈迦）、西・キリーク（弥陀）、北・ユ（弥勒）とあり、奈良時代以来行われた顕《けん》教系の四方仏だそうで、しかも本来なら東面の種字は薬師の「バイ」にすべきところを「ウーン」にしているそうである。（『明日香村史』（前述、上巻「考古・美術編」石造美術　６２３頁）より）。


ともかくややこしいのです。

と、まあ、こういうわけなので、十三重石塔の十三の意味を尋ねていた中年のご婦人、これくらいで勘弁してください。

ちなみに奥山久米寺は聖徳太子の弟・来目《くめ》皇子が創建したと伝えられ、久米仙人で有名な橿原久米寺の奥の院ではないかともいわれているが、これも実際詳しいことはあまりわかっていないようだ。

門を入って右側に比較的新しい現在の本堂があり、正面から左手にかけてほぼ正方形の基壇があり、その上に数個の大きな礎石とともに十三重の石塔が立っている。

追　書

奥山久米寺に関し、１９９５（平成７）年11月2日付奈良新聞朝刊19面に、興味深い次のような記事が掲載されていたので、付記しておく。

『明日香の奥山久米寺跡金堂

飛鳥初期で最大規模

講堂の礎石も出土

文献には登場しないなぞの飛鳥寺院、明日香村奥山の『奥山・久米寺跡』（七世紀前半）の金堂が、日本で仏教寺院が建てられ始めた飛鳥時代初期のものでは最大の規模だったことが、奈良国立文化財研究所飛鳥藤原宮跡発掘調査部により一日までに確認された。

講堂の規模の大きさを推測させる立派な礎石も初めて出土。伽藍（がらん）配置は聖徳太子ゆかりの寺院に多い「四天王寺式」の可能性が極めて高くなった。

同寺が、伝来して間もない仏教の興隆に大きな役割を果たしていたことをうかがわせ、飛鳥仏教や寺院の研究上、貴重な資料となりそうだ。

現場は飛鳥盆地の北辺で、古代の幹線道の下ツ道や山田道にも近い古代の一等地。

金堂の規模は、地下の基礎工事跡が見つかったことから、東西二三・四㍍、南北一九・一㍍と確認。同村の飛鳥寺（法興寺）の中金堂など当時の主要寺院をしのぎ、飛鳥時代中期の官寺・川原寺（同村）の中金堂（二三・八×一九㍍）とほぼ同じ大規模なものと分かった。

礎石は金堂跡の北側約四十㍍で二つ見つかり、一個が掘り出された。花こう岩製で直径約一・四㍍と、講堂の巨大さを推測させる立派なもので、柱をはめ込む穴が削られ、表面は丁寧に磨かれていた。

同寺跡では過去に金堂と塔の位置が判明。礎石は、中門―塔―金堂―講堂と一直線に並ぶ四天王寺式の伽藍と考える有力な手掛かりになる。

同寺は縁起などの記録が一切なく創建時の事情などは分かっておらず、これほどの大寺院がなぜ歴史上、無名だったのか、新たななぞを呼びそうだ。』

ということです。

第21話　大根田

その名が示すように、大根田にある八王子神社には、八柱の神々が祀ってある。祭神数は、数多い明日香村の神社の中でも最多である。

『明日香村史』（前述、上巻「考古・美術編」　神社　607頁）によると、その祭神は、

天忍穂耳尊
天穂日命
天津彦根命
活津彦根命
熊野久須毘命
多紀理姫命
市杵島姫命
多岐津姫命

ということになる。

と、偉そうなことを言っても実のところ、それぞれがどういう出自でどんな役目を果たす神であるのかどころか、名前の読み方すらわからないのである。

もとより他の神社の祭神についても同じようなことではあるが、それはさておき、せっかく八柱も祀ってあるのだから、今回はこのことにほんの少しだが触れてみたいと思う。

そこで手元にある小学館の『日本古典文学全集「古事記」上巻』、「天照大御神と須佐之男命」をわたしなりに要約してみると…。

八百萬《やおよろず》とはいうけれど、天之御中主神（アメノミナカヌシノカミ）から始まって、いるわいるわ。よくもこれだけ（思いつ）いたもんですね。到底書き尽くせないので、そこに至るところまでは『古事記』を読んでいただくとして（エッチな話もあっておもしろいで

八王子神社

す)、八神誕生場面の訳を写してみると次のようになる。八柱も生まれるのだから、少々長くなるが辛抱していただきたい(なお、冒頭部分は直前の話の要約)。

伊耶那岐命(イザナキノミコト)の命令に背《そむ》き追放された須佐之男命(スサノオノミコト)が、姉の天照大御神(アマテラスオオミカミ)が治める高天原《たかまがはら》に上ってくる。高天原を奪うためにやって来るのだと思い、完璧に武装して迎える天照大御神に対し、

——そうではない、亡き母の国に行く事情を申し上げにきたのだ。嘘《うそ》だと思われるなら、めいめい誓いを立てて、子を生みましょう。

と言う。

その後の場面である。

そこで、それぞれの神が天の安河を中にはさんで、誓約《うけい》をする時に、天照大御神はまず建速(タケハヤ)須佐之男命が帯びていた長剣をもらい受けて、それを三つに打ち折り、身につけた玉の音をゆらゆらとたてながら折った剣を天《あめ》の真名井《まない》の聖水で洗い清め、それを噛《か》みに噛んで、吐き出した息より生じた霧から現われた神のお名前は多紀理毘売命(タキリビメノミコト)、またのお名前は奥津島比売命(オキツシマヒメノミコト)という。

次に現われた神は市寸島比売命(イチキシマヒメノミコト)、またのお名前を狭依毘売命(サヨリビメノミコト)という。

次に現われた神は多岐都比売命(タキツヒメノミコト)である[三柱]。

こんどは速《はや》須佐之男命が、天照大御神の左の御角髪《みづら》に巻いておられた多くの勾玉《まがたま》を貫き通した

長い緒をもらい受けて、その玉をゆらゆらとたてながら天の真名井の聖水で洗い清め、それを噛みに噛んで、吐き出した息より生じた霧から現われた神のお名前は正勝吾勝勝速日天之忍穂耳命（マサカツアカツカチハヤヒアメノオシホミミノミコト）である。

また右の御角髪に巻いておられた玉をもらい受けて、それを噛みに噛んで、吐き出した息より生じた霧から現われた神のお名前は天之菩比命（アメノホヒノミコト）である。

またお髪《ぐし》の飾りに巻いておられた玉をもらい受けて、それを噛みに噛んで、吐き出した息より生じた霧から現われた神のお名前は天津日子根命（アマツヒコネノミコト）である。

また左のお手に巻いておられた玉をもらい受けて、それを噛みに噛んで、吐き出した息より生じた霧から現われた神のお名前は活津日子根命（イクツヒコネノミコト）である。

また右のお手に巻いておられた玉をもらい受けて、それを噛みに噛んで、吐き出した息より生じた霧から現われた神のお名前は熊野久須毘命（クマノクスビノミコト）である。合わせて五柱の神である。

そして、それぞれが身につけていたものから生まれたというので、先の三女神は須佐之男命の子、後の五男神は天照大御神の子としたというのである。

ほんまかいな、などとは決して言ってはいけないのである。神の生まれ方は、人間なんかとは比べものにならないほど神秘的（？）なのだから。

ともかく字が違うものもあるのでややこしいが、生まれてきた順番から、ここに出てくるそれぞれの神さんと、八王子神社のそれを対比すると、たぶん、

多紀理毘売命＝多紀理姫命
市寸島比売命＝市杵島姫命
多岐都比売命＝多岐津姫命
天之忍穂耳命＝天忍穂耳尊
天之菩比命＝天穂日命
天津日子根命＝天津彦根命
活津日子根命＝活津彦根命
熊野久須毘命＝熊野久須毘命

なのではないだろうか。

ところでこの神々たち、何の理由もなく祀られているわけではないようだ。以下略した部分を読んでみると、天之菩比命と天津日子根命の二神は、飛鳥と深く（あるいは浅く）かかわるのだろう、様々な氏《うじ》や連《むらじ》・直《あたい》・国造《くにのみやつこ》・部造《べのみやつこ》・県主《あがたぬし》の祖先と崇められているようなのである。他の神さんたちも、天照大御神と須佐之男命の子どもなのだから、当然飛鳥とはさまざまな形でかかわっているのだろうと思う。

最後になったがこの大根田という地名、実はわたしもここで出会った少年たちに教えられるまで頭の中ではそう読んでいたのだが、ダイコンダとかダイコンデンとは読まないようなのであし

からず。

第22話　八　釣

またまた、小学館の『日本古典文学全集「古事記」下巻』、清寧天皇「二皇子の舞」からである。正直言うと、もうほとんどタネが尽きてきたのである。その辺をご賢察いただき、お許し願いたい。

皇子であった父・市辺之忍歯王（いちのへのおしはのみこ）を雄略天皇に殺され、身の危険を感じて播磨に逃げ、隠れ住んでいた兄弟、オケ王（兄、後の第24代仁賢天皇）とヲケ王（弟、後の第23代顕宗天皇）が、播磨国の長官に任じられた山部連小楯に偶然見い出されるくだりである。

『古事記』に限らず、いつも現代語訳ばかりなので、それではあまりに能がないので、今回は原文の一部を紹介したいと思う。しっかり読み下していただきたい。

『爾、山部連小楯、任二針間国之宰一時、到二其国之人民、名志自牟之新室楽一。於是、盛楽、酒酣、以二次第一皆儛。故、焼レ火少子二口、居二竈傍一、令レ儛二其少子等一。爾、其一少子曰、汝兄、先儛、其兄亦、曰、汝弟、先儛。如此相譲之時、其会人等、咲二其相譲之状一。爾、遂兄儛訖、次弟将レ儛時、為レ詠曰、

物部之　我夫子之　取佩　於二大刀之手上一　丹画著　其緒者　載二赤幡一　立二赤幡一見者　五十隠　山三
尾之　竹矣訶岐（此二字以レ音）　刈　末押縻魚簀　如レ調二八紘琴一　所レ治二賜天下一　伊耶本和気　天皇之　御子市
辺之　押歯王之　奴末

爾、即小楯連、聞驚而、自レ床堕転而、追二出其室人等一、其二柱王子坐二左右膝上一、泣悲而、集二人民一作二仮宮一、坐二置其仮宮一而、貢二上駅使一。於是、其姨飯豊王、聞歓而、令レ上二於宮一。』
（「清寧天皇・二皇子の舞」の段より）。

中にはすらすら読める人もいるでしょうが、そういう人はこんな駄文は読まないでしょうから、やはり訳を付記しておきます。

ところで山部連小楯《やまべのむらじおだて》を播磨国の長官にご任命になった時、小楯はその国の人民で名は志自牟《しじむ》という者の新築祝いの酒宴に臨席した。ここでさかんに酒宴に興じて、酒もたけなわになったころ、貴賎・老若の順序に従ってみな舞を舞った。そして、火を焚《た》く役にあった少年が竃《かまど》のそばにいたが、その少年たちにも舞うように命じた。ところが、その中の一人の少年が「兄さんから先にお舞いなさい」というと、その兄もまた「おまえから先に舞いなさい」といって、こうして互いに譲り合っていた時、その場に集まっていた人たちは二人の互いに譲り合う有様を見て笑った。そして、とうとう兄が舞い終えて、次に弟が舞おうとする時、声を長く引いて歌うには、武人であるわが君が腰につけている大刀の柄に、赤土を塗りつけ、その下げ緒は赤い布で飾りつけ、戦陣になびかす赤旗を立てて、見ると、その赤旗に隠れる山の峰に生える竹を根もとから刈り、その先を地上に敷きなびかすように威風堂々と、また八弦の琴の調子を上手に調《しつら》えるように平安に、天下をお治めになった伊耶本和気天皇《いざほわけすめらみこと》の皇子、市辺之忍歯王《いちへのおしはのみこ》の、私は子どもですぞ、と名のった。

そこで小楯連はこれを聞いて驚き、床から転げ落ちて、その室屋《むろや》にいる人たちを追い出して、その二柱の皇子を左右の膝の上にお据えして泣き悲しんで、そして人民たちを集めて仮の宮殿を造らせ、その仮の宮殿に二皇子をお住まわせ申し上げて、早馬の使者を大和へ奏上した。すると二皇子の叔母の飯豊王《いいどよのみこ》はこの知らせを聞いて、お喜びになって、二皇子を葛城《かつらぎ》の角刺宮に上《のぼ》らせなさった。

という次第なのである。

もう少し前後の事情を説明すると、「第14話　雷」で登場していただいた雄略天皇（韓媛とのやんごとなき仕儀の最中を小子部栖軽に邪魔され、恥ずかしいやら腹立たしいやらで、腹いせに栖軽に雷神を捕らえてこいと命じた人）は非常に権力欲が強く、皇位（大王位）継承にあたり競争相手をことごとく殺している。

その殺されたうちの一人がオケ・ヲケ兄弟の父・市辺之忍歯（『日本書紀』では市辺押磐）王であった。難を逃れて二人は播磨に隠れ住んでいたが、雄略の跡を継いだ清寧（栖軽が雷神を捕らえに行っているとき、韓媛が懐妊した子か？）には、先のカッコ内のこと（雷の影響で）とはかかわりないと思うが、あちこちで手を変え相手を変え試みるのだが、どういうわけか子どもができず、このままでは皇位（王位）が途絶えてしまう。

だが清寧天皇は諦めなかった。今度は由緒正しい飯豊皇女と角刺（ツノサシと読む）宮で皇嗣をもうけるべく、まぐわってみた。けれど、飯豊皇女にすれば初めての体験ではあったものの、それほどの感懐はなく、それからは他の誰ともそうゆう行為には関心を示されなかったそうだ（それにしても、こんな微に入り細を穿《うが》つことまで誰が記録してたんやと思うのですが、確かに『日本書紀』とかにはそんなことも書いてあるんです）。

で、結局跡継ぎ誕生には至らなかったそうである。清寧天皇の体やアレの仕方にどんな問題があったのかまで書かれてはいないのでわからない。だから想像するしかないのだが

弘計皇子神社。うっそうとして入り口さえ容易に見つけられない

……。

いずれにしれも、そんなとき二人が見つけ出され、そのころ、力をもっていた父の妹・飯豊(忍海郎女《おしみのいらつめ》とも。書紀では飯豊青)皇女の庇護《ひご》のもと、まず弟のヲケ王が皇位に就いて顕宗となり、ついで兄のオケ王が即位して仁賢となるというのである。

話が長くなってしまった。ともかくここに出てくるヲケ王、すなわち顕宗天皇が営んだ近飛鳥《ちかつあすか》八釣《やつり》宮のあった所が、この明日香村の八釣の地であると伝えられているのである。

ちなみにものの本によると、兄オケ王すなわち仁賢が実在したことは確からしいが、弟のヲケ王についてはどうも怪しいらしいということである。

それゆえ、顕宗天皇というものの存在も、その宮であったといわれる近飛鳥八釣宮の存在も、ということになるらしいのだが、さて……(なお、この辺りの事情はこれも小学館刊・和田萃《あつむ》著『大系日本の歴史2　古墳時代』に詳しい)。

近飛鳥八釣宮伝承地には、いまも顕宗天皇を祀る弘計《おけ》皇子神社が、入り口すら容易には見つけることができない、こんもりとした森の中に鎮座している。

第23話　栗　原

僧・行基の名は数々の事跡や伝承などとともに、あまねく知れわたっているのではないだろうか。

ところで、その行基が教えを乞い、考え方や生き方に多大の影響を受けたといわれる、師の道昭（629～700年）についてはどうであろうか。

――日本で（公式に）初めて火葬された人。

わたしが知っていたのはその程度、いやそれだけである。

ところが、このシリーズを書くにあたって調べてみると、火葬のこと以外にもいくつかのことがわかってきた。なかなかすごい人なのである。

ともかく岩波書店刊『新日本古典文学大系12・続日本紀《しょくにほんぎ》　一』（青木和夫、稲岡耕二、笹山晴生、白藤禮幸・校注）文武天皇四年の条に、次のようにあるので紹介する。ただし、この本には現代語訳がなく、脚注しかないので随分苦労したが、つたないわたしなりの解釈文を示す。

3月10日、道昭和尚が、みまかった。天皇は甚だ悼み惜しんで、使いを遣わして香典を届けさせた。

和尚は河内国丹比郡《たじひ》の生まれである。俗姓は船連《ふなのむらじ》という。父・恵釈《えさか》の位は少錦下であった。和尚は戒行を欠かさず、もっとも忍行を尊んだ。

むかし弟子の一人が、どうすればそのような人となりになれるのか探ろうとして、密かに便器の中をまさぐっていて、誤って和尚の布団を汚してしまった。それを知った和尚は微笑みながら、「放蕩《ほうとう》の小子が人の床を汚した」と言い、弟子は一言もなかったということである。

和尚は初め孝徳天皇の653（白雉4）年、学問僧として（大使・吉士長丹、副使・吉士駒等、121人とともに）唐に渡った。

唐ではたまたま玄奘三蔵に巡り会い、師事し教えを受けた。師の三蔵法師も弟子の道昭をことにかわいがり、同じ房舎に住まわせ、「わたしがむかし西域に行ったとき、路上に飢えてしまった。ところが食を乞う村もない。そのとき、一人のお坊さんが手に梨の実を持って現れ、わたしに与えて食べさせてくれた。それを食べると、気力が湧き元気も出てきた。いま、あなたはあのとき手に梨の実をもって、わたしの前に現れたお坊さんと同じだ」と言ったという。

また、「経論は深妙で、それを極めることは難しいので、禅を学んで日本に広めてはどうだ」とも言ったという。

そこで和尚は三蔵法師から、禅を習い始め、多くの悟りを得たのである。

そして661（斉明7）年、帰朝する遣唐使とともに帰国した。別れのとき、三蔵法師は所有する舎利・経論のすべてを和尚に授け、そして、「道を広めるにあたり、この文を役立てなさい」と言い、また三本足のサスナベという鍋を授け、「これはわたしが自ら西域よりもち帰ったものである。病になったとき、これでものを煮ると効果てきめんである」と言ったという。

道昭和尚は師の三蔵法師を拝み謝し、泣きに啼《な》いて師と別れたのである。

山東省牟平県に着いたとき、使いの人々が多く病に倒れた。そのとき和尚は三蔵法師からもらったサスナベを取り出し、水を暖め粥を炊いて、あまねく病める人たちに与えた。すると、その日のうちにみんなもとのように元気になった。

すでにとも綱を解いて、船は風の間に間にある。大海にいたるころ、船が漂い七日七夜前に進まないことがあった。

諸人訝《もろびといぶか》しんで、「風は順風だし、日にちからすればとっくに国に着いているはずなのに、船があえて前に進まないのは、誰かが何かをたくらんでいるせいなのではないだろうか」と騒ぎ始めた。そして占い人も、「竜王が、和尚のもっているサスナベを欲しがっているのだ」と言い出した。

それを聞いて和尚は、「このサスナベは三蔵法師さまからいただいたものである。なぜ竜王がそれをあえて求めるのだろうか」と聞き返した。

すると諸人はみな、「いま、サスナベを惜しんで竜王に与えなければ、おそらくこの船の者はみな海の魚に食われてしまうに違いない」と言った。

それで和尚はサスナベを取り上げ、海中に投げ入れた。すると、不思議と船は進み始め、無事全員帰国することができたということである。

帰国した和尚は元興寺の東南隅に、別に禅院を建てて住むようになった。すると、和尚を慕う多くの者たちが和尚のもとに集まり、禅を学ぶようになった。

それから後、和尚は天下を巡り、路傍に井戸を掘り、あちこちの川の渡りに船を設け、橋を造った。すなわち山背国《やましろのくに》宇治橋は、和尚の造ったものである。

和尚諸国を巡ること、おおよそ十有余年にわたるが、天武天皇の勅請があり、禅院に帰りもとのごとく坐禅三昧の生活に戻った。

あるときは3日に一たび起き、あるときは7日に一たび起きる。すると、たちまちにして香しい匂いが、房舎から出できたった。

怪しんだ弟子たちが和尚をうかがうと、和尚は腰かけに端坐したまま息をしていない。時に道昭和尚、72歳であった。

弟子たちは遺言により、和尚の遺骸を栗原の地で火葬に付した。これがこの世における火葬の始まりである。「火葬が終わると、親

呉人の祖を祀る呉津孫神社

族や弟子たちは争って和尚の骨を納めようとした。そのときたちまち大風が起こり、和尚の灰や骨を吹き上げてしまい、行方知らずとなった。時の人たちは、不思議がった」と言い伝えられている。

後、都を平城に遷すとき、和尚の弟と弟子たちは相談して、和尚が止住していた禅院を新京に移築した。

いまの平城の右京の禅院がそれである。この院には多くの経論がある。筆跡は見事なもので、誤植は一つもない。これはすべて和尚が書写し、もちきたったものである。

四苦八苦しながら解釈してみたものの、きっと間違いだらけに違いないと思う（それは一方的に許してもらうか、原文に当たってもらうかして）が、なぜここまでやったか、もうわかってもらえたと思う。

そう、この道昭和尚の火葬された場所が栗原だったということなのである。

いまのところ勉強不足でここに示した以外のことや、なぜこの地を火葬の場として選んだのかまではわからない。

ただ、たちまち大風が起こり、和尚の灰や骨を吹き上げてしまったという。広々とした見晴しのいい栗原の丘陵地を眺めていると、もしかして和尚は最初からそのことを予測していたのではないかと思ってしまうのである。

そんなことはともかくこの栗原、もとは呉原《くれはら》といったそうだ。講談社学術文庫・金達寿著『日

本古代史と朝鮮』から抜粋すると、

——中国のかつての呉国《ごこく》とまちがえられたりしているが、しかし、これももとは百済《くだら》、新羅《しらぎ》とともに古代朝鮮三国のひとつだった高句麗《こうくり》からきたものであった。高句麗は朝鮮語でコクレというのであるが、高は美称であり、高句麗の国姓であるから、それをとるとクレ（句麗）となるのである。漢織《あやはとり》・穴織《あなはとり》にたいする呉織女（クレハトリ）もこれからきていること、いうまでもない。

ということである。

栗原には、その呉人たちの祖といわれる呉津彦を祀る呉津孫《くれつひこ》神社、畑で野良仕事をしていたおばさんに訊くと、かつては大きな石碑があったと答えてくれたが、いまは何の痕跡もない呉原寺《くれはらでら》跡などがある。

ちなみに、道昭和尚の死を悼み、使いを遣わし香典を届けさせた、文武天皇の陵《みささぎ》も栗原の一画を占めている。

あとがき

第9話「岡」でも触れたのですが、この探訪記を書くきっかけになったのは、以前参加していた同人誌『関西文学』の元編集長・菊池崇憲氏からかかってきた電話でした。

——おもしろそうやけど、そんなん書けるかいな。

最初はそれが正直な気持ちでした。

ところがそのうち、

——どこまでいけるかわからんけど、やってみよか。

という気になってきたのです。

せっかちな性格なので、そう思い始めると先のことも考えず走り出してしまいます。

そこでまず、明日香村役場へ行って明日香村全図を購入し、大字を区分するため、境界線に赤鉛筆で色を塗り始めました。取りあえず大字ごとに歩いてみようと思ったので。

地図を売ってくれた役場の人も言っていたように、行政上でさえ明日香村には境界の不明な所があってわかりにくかったのですが、おおよその区分はできました。

ところが数えてみると、明日香村には37もの大字があるのです。頭に上・中・下・南という字のついた平田地区を一つにまとめても34の地区になります。

これはえらいことになったと思い、他にいい方法はないものだろうかと思案を巡らせ、今度はめぼしい所を押さえるつもりで、旧跡や神社仏閣等に赤丸をつけ始めました。

ところがこれまたえらいことになりました。すさまじい数に上るのです。

——ならば全部とはいかなくとも、数の少ない大字ごとに、めぼしい所をピックアップするしかない。

ということに落ち着かせるしかなかったわけです。

以前から飛鳥には何度も足を運んでいました。『明日香村史』はじめ、飛鳥に関係あるなしにかかわらず、古典や歴史書、時代歴史小説等いろんなものを片っ端から読んではいました。奈良大和を舞台にした時代小説を書くという趣味もあったし、活字中毒というのでしょうか、時間があれば何かを読んでいました。

ところが幾度か訪れた所も読んだものも、いざ書くとなると、そのときはただ見て回り、読み流していただけだったことにそのたび気づくのです。読むのと書くのは違います。読むのは人の書いたものを読む、書くのは自分で考えて書く。では、何を書くか。

そうこうするうち、菊池氏が電話で言っていたことの意味がわかってきました。

——専門家の書いたものは難し過ぎるし、観光案内はどこにどういうものがあるというまさに案内で、前後や横の繋《つな》がり、それに最も大事な巷《ちまた》に生きる市井《しせい》の人たちとの身近な繋がりがない。

確かにわたしもそう思っていました。

だから、

――専門知識も何もない、レベルのひく〜い高校の教員が見た飛鳥、というのはどう、いける？

あんたも以前そういうのを書きたいてゆうてたやないか。

となったのです。

けどやるからにはそれ相応のものを、と一応はいろいろ考えました。いずれにしても何を書いても、ほんでなんなん、やということはわかってはいるのですが。

――勝負事やないんやから、勝ち負けは関係ないやろ。

――学術的な事柄に関して、素人が専門家に勝てるわけないのはあたり前やろ。

という自らの声に、

――それはそやけど、せめて一太刀なりと……。

という気持ちをある程度満足させるために取れる手は、

――角度を変える。

いろいろ考えたけれど、結局はそれしか思いつかなかったのです。真面目に書くこともできるとは思うのですが、それならただの案内書になってしまいます。だから、学校の先生のくせになんて不謹慎で下品な、と思われるだろうことも承知で、あえて角度を変えアスカを見てみることにしました。

そして、できるだけ〝荘厳な〟とか〝優美な〟などという言葉は使わず、タバコのポイ捨てだけは絶対にしないでおこうと心に誓い、書き始めたのが、この『おとなのアスカ巡り』です。

結果としては、古《いにしえ》のアスカと巷《ちまた》に生きる市井の人たちとの身近な繋がりが描けたとは決して思っていません。

むしろ角度を変え過ぎて、趣味の世界、興味ある方向に思いっきり突き進んでいるなと思っています。こんなエッチなことばっかり書いて、と嫌悪される方はおられると思いますが、できればご容赦ください。

バカバカしいと思われるであろうことは重々承知しています。ただ残念だったのは、できれば34の地区すべてについて書きたかったのですが、力及ばず途中で断念せざるを得なかったことです。

と、ここまでが最初にこのシリーズを書き終えた当時の「あとがき」です。

それから20年近くが経《た》ち、字句表記等の整合性までは手が回ってはいないのですが、多少手を入れたのが今回のものです。

すでに教員生活ともおさらばし、数年経っています。50歳のとき、書く力はもとより生きる力も失せてしまう出来事に遭遇し、かかりつけの医師に「残された息子さんのためだけにも、体だけは生かしといたり」と言われながら、何とか今日まで来たところです。

だから、もし奈良新聞出版課の増山氏・辻氏と出会うことがなければこの原稿は、わたしのパソコンの奥深くに埋もれ、いずれ朽ち果てていたことと思います。

ほんでなんなん、と言われても、決して多くの人ではなくても、こうしてこれが日の目を見、読んでいただけるのは無上の喜びです。ありがとうございます。

なお、すでにお気づきのこととは思いますが、わたしは行政区画には『明日香』を、それ以外にはおもに『飛鳥』の字をあてています。

二〇一八年八月吉日

沢田　立夫

参考文献

『明日香村史』（昭和49年8月1日発行、下巻「現勢編」 明日香村の誕生 271頁▼上巻「歴史編」 古代飛鳥史料略年表 173〜176頁▼同「考古・美術編」 石造美術 623頁▼同「同」 神社 607頁）
▽明日香村文化財課ホームページ「マルコ山古墳2」＝2017（平成29）年3月1日時点＝
黒岩重吾著『落日の王子・蘇我入鹿』（文春文庫）
斎藤隆介著『寒い母』（「斎藤隆介全集 第十二巻」所収、岩崎書店）
『万葉集』（巻第十一―二七〇一）
『日本書紀』（斉明六年五月の条）ほか
●［水落遺跡］＝1995（平成7）年8月22日（火）付毎日新聞奈良版19面
松本清張著『或る「小倉日記」伝』所収「断碑」（新潮文庫）
海音寺潮五郎著『悪人列伝（一）』所収「蘇我入鹿」（文春文庫）
●［狂心の渠］＝1995（平成7）年6月8日（木）付毎日新聞22面
『水鏡』
●［藤原京の西京極］＝1996（平成8）年5月16日（木）付毎日新聞31面
宇治谷孟著『日本書紀（下）全現代語訳』より（講談社学術文庫）
『阿不幾乃山陵記』

●［税制記した最古の木簡］＝1995（平成7）年6月17日（土）付毎日新聞1面・26面
『日本古典文学全集「日本霊異記」上巻』、第一話「雷を捉へし縁」（小学館）
中国の『「宋書」倭国伝』
宇治谷孟著『日本書紀（下）全現代語訳』の注（講談社学術文庫）
猪熊兼勝著『飛鳥の古墳を語る』（吉川弘文館）
猪熊兼勝著『飛鳥の古墳を語る』の解説（吉川弘文館）
●［松江の向山1号墳］＝1995（平成7）年8月3日付毎日新聞22面
『高市郡古墳誌』（大正12年刊行）
［マルコ山古墳／第4次調査（範囲確認）］報告
（昭和52年から平成2年、合計3回）
『上宮聖徳法王帝説』『元興寺縁起』『日本書紀』
中村元・三枝直悳著『バウッダ［佛教］』（小学館）
ひろさちや監修『仏教の知識百科』の「◉仏塔の見方」の項（主婦と生活社）
『広辞苑』（（第1版25刷、昭和42年11月1日、岩波書店）
●［奥山久米寺］＝1995（平成7）年11月2日付奈良新聞19面
『日本古典文学全集「古事記」上巻』、「天照大御神と須佐之男命」（小学館）
『日本古典文学全集「古事記」下巻』、清寧天皇「二皇子の舞」（小学館）
和田萃著『大系日本の歴史2　古墳時代』（小学館）

『新日本古典文学大系12・続日本紀　一』文武天皇四年の条〈二月―三月、三月―五月〉（1996年4月10日第五刷発行、校注者は青木和夫・稲岡耕二・笹山晴生・白藤禮幸、岩波書店）

金達寿著『日本古代史と朝鮮』（講談社学術文庫）

本著執筆当時（二十数年前）の著者

著者　**沢田　立夫**（さわだ・たつお）

〈おもな履歴〉

昭和27年7月　奈良県橿原市新口町生まれ

昭和43年3月　橿原市立八木中学校卒業

昭和46年3月　奈良県立畝傍高等学校卒業

昭和50年3月　大阪府立大学経済学部卒業

昭和52年4月　奈良県立高等学校社会科教諭着任

平成25年3月　奈良県立高等学校地歴・公民科教諭退任

おとなのアスカ巡《めぐ》り

2018年８月31日　第１版第１刷発行

著　　者　沢田　立夫

発 行 者　甘利　治夫

発 行 所　株式会社 奈良新聞社

〒630－8686　奈良市法華寺町2番地4

TEL　0742（32）2117

FAX　0742（32）2773

振替　00930－0－51735

印 刷 所　奈良新聞印刷株式会社

ISBN978-4-88856-153-2